PAN

C. Tarkos

PAN

P.O.L
33, rue Saint-André-des-Arts, Paris 6e

Ouvrage publié avec le concours
du Centre national du Livre

PAN

PAN

Les Nuages

Les nuages sont beaux, blancs   les nuages sont blancs,
bleus, les nuages sont beaux, immondes, les nuages nagent,
les enfants font l'amour, lèvent, soufflent, grandissent, passent, ne reculent pas, se retournent, descendent, les nuages
nagent, les nuages volent, sont beaux immortels, couvrent
tout le ciel, remplissent le ciel, rendent le ciel plus blanc, ne
tordent pas, s'élargissent   font des nuées, les nuages
ne servent à rien, au-dessus de nos têtes, glissent, sont sur
le ciel, sont sur les yeux, il n'y a qu'à lever les yeux pour les
voir glisser au-dessus de nous   les mouvements sont
si lents, il n'y a pas de mouvements dans le ciel, les nuages
glissent lentement, si lentement   les nuages volent,
s'enfoncent, il y en a partout dans le ciel, ce qui reste est du
bleu, le bleu du ciel, des taches bleues, les enfants sont
jeunes et blancs, les enfants sont doux, les enfants sont jolis,
les enfants font l'amour, se font l'amour entre eux, sont en
train de faire l'amour entre eux, sont jeunes et doux, les
taches bleues sont semblables aux taches blanches des
nuages   les nappes blanches des nuages s'étalent, se
sont étalées, sont étalées, prennent la place dans le ciel, couvrent, sont couvrantes, les mouvements sont si lents, les
masses blanches changent de forme sans qu'on les voie
changer de forme, on ne voit pas, dans les yeux, les nuages
sont sur le voile des yeux   les nuages voilent les yeux,
on ne voit que des nuages, le ciel se referme, ils peuvent
couvrir le ciel de nuages   le ciel est toujours plus
grand que le recouvrement du ciel par les nuages, par les
bandes nuageuses, par les superpositions des accumulations

11

des nappes boursouflées de nuages ronds, arrondis, tournés, retournés sont des taches blanches dans le ciel, sont de grands voiles   les enfants sont seuls, sont avec des enfants, jouent avec des enfants, font l'amour avec des enfants, les enfants ont la peau douce, blanche, lisse, ils prennent toute la place, ils prennent place dans le ciel, en haut, les nuages sont au niveau des yeux, ne se lèvent pas, ne prennent pas de la hauteur, le ciel descend sur les yeux, ferme le sol, le ciel est au niveau du sol   le sol bordé par le ciel, le ciel au même niveau que le sol, en suivant le sol du regard, on voit les nuages dans le ciel, les enfants ont une peau claire, lisse et douce, ils se caressent, la peau blanche des enfants caresse la peau blanche des enfants, les enfants savent lire, lisent   regarder les nuages, les nuages passent, est le passage visible du temps, est le temps qui passe, si le passage du temps est les nuages, si le passage des nuages dans le ciel n'a aucun lien avec ce qui se passe sur terre   le temps n'a aucun lien avec la terre, avec ce qui se passe sur terre, les nuages passent lentement, la lenteur des nuages est la lenteur du temps qui passe, les nuages n'ont aucun rapport avec ce qui se passe sur terre, le temps qui passe n'a aucun rapport avec la terre, les nuages glissent lentement   ce qui se passe sur la terre ne fait pas de liens avec le glissement lent des nuages dans le ciel, les nuages essayent un encerclement, transparaissent, transpercent le soleil, laissent filtrer la boule de soleil, laissent translucide, laissent un voile, un voile voile les yeux   les nuages sont de grands nuages, les enfants sont grands, souples et longilignes, ont de longues chevilles, de longues mains, de longs pieds, sont lisses et doux et souples et blancs   caressent avec la peau du visage, avec la peau du sexe la peau des enfants, il y a un remplissement de nuages, s'approchent, se touchent, s'embrassent, se caressent, se frôlent, se tiennent par la main, ils jouent, ils ne jouent pas, ils jouent ou ils ne jouent pas, forment un recouvrement, recouvrent tout le dessus, sont toujours au-dessus, levant les yeux ont voit le recouvrement de la blancheur moite dans le ciel qui ne laisse pas une parcelle de ciel ouvert dégagé sans le moindre nuage, ce sont les enfants qui font l'amour, les nuages sont nus, les enfants qui font l'amour sont nus, nus et blancs   les nuages s'avancent, voyagent, ils flottent, ils se laissent aller, n'ont pas de soutien, ils ne sont pas soutenus, ils flottent sans arrêt, sans soutien, les nuages s'avancent, changent, ne vont pas quelque part, avancent, ils ne s'appuient pas sur la terre, ils flottent, ils flottent dans le ciel   il y a des places blanches, il y a des places bleues, il y a des trouées, les nuages laissent des trouées, laissent des mouvements   les nuages ne touchent pas terre, les enfants grandissent, sont longs   les nuages sont visibles, tous les nuages sont visibles, il n'y a pas de faces de nuages qui ne soient pas visibles, sont dans tous les sens, sont retournés, se retournent, sont de grands voiles retournés   il n'y a aucun lien entre les nuages qui passent dans le ciel et ce qui se passe sur terre, les nuages sont vastes, remplissent le ciel, naviguent dans le ciel, et il n'y a aucun lien entre ce qui se passe dans les nuages et ce qui se passe sur terre   ne naviguent pas, les enfants n'aiment que les enfants   ils sont vastes, ils se retournent, ils se tournent, ils se déplacent, ils s'avancent, ils glissent, il ne font aucun lien, ils se laissent aller, n'ont aucun lien, on ne verra aucun signe les enfants se couchent, s'allongent, dorment, dorment l'un contre l'autre, une main posée sur le cou, les nuages se reposent sur les nuages, pour se déplacer pour passer, se reposent sur le passé, se reposent sur l'avenir, se reposent sur les airs, les enfants savent ce qu'est l'amour, seuls les enfants savent ce qu'est l'amour, les enfants parlent d'amour, les nuages n'ont pas de forme bourgeonnent, prennent de la place, les nuages passent dans le ciel, les enfants font l'amour, les enfants savent parler de l'amour, passent sans bruit au-dessus de nos têtes grands comme des ombres, comme des nuits, comme des collines, comme des ciels les masses ou les nuages, des masses nuageuses ou des bandes nuageuses, le fait d'un enfant qui fait l'amour, le fait de l'amour, faisant de lui-même des nuages, des enfants, n'ont aucun lien, se traînent librement dans l'espace du ciel, un enfant aime un autre enfant, l'embrasse, le couvre de baisers, le prend, lui fait l'amour, les nuages sont grands nuageux, les nuages flottent, on ne peut rien dire sur ce qui va se passer sur terre, ce qui arrive, ce qui flotte et se traîne et glisse, et boursoufle et germe les enfants font l'amour, tous les enfants s'aiment, où ils sont, les nuages se superposent, se rassemblent, se retournent, se passent l'un sur l'autre, se traversent l'effet des nuages, l'effet du soleil derrière le nuage, l'effet de la lumière du soleil se voit à travers un nuage les nuages essayent de m'éblouir, ils se couchent, ils sont couchés, la place est grande dans le ciel, les nuages ne gênent rien ni personne, ils peuvent prendre toute la place qu'ils veulent, le ciel est assez grand pour les nuages pour les déplacements des nuages, ils peuvent se mouvoir, ils peuvent bouger, se déplacer, prendre toujours plus de place, le ciel est toujours assez grand   le vent n'arrive pas à pousser les nuages, souffle plus fort que les nuages, les nuages ne bougent pas, il y a des vagues, des envolées, des envolées dans le vent   sont de grandes nappes blanches flottantes qui volent, qui voilent le soleil   les enfants ont des sexes doux, petits, serrés, doux, avec de petites couilles et un trou serré, avec peu de poils, de la peau blanche et lisse, pourquoi font-ils si peu de bruits avec leur grande taille, leur taille surdimensionnée, c'est le sang jeune qui coule dans les veines des enfants l'amour est enfantin, faire l'amour est enfantin, les nuages sont beaux, sont blancs, sont bleus, sont des lambeaux   sont de la poussière, sont tombés   c'est parce qu'ils changent sans cesse qu'il est possible de regarder, regarder les nuages donne mal à la tête   il y a encore de la place, cela peut être avalé, peut être supporté, cela ne change rien, il y aura toujours encore de la place   les nuages peuvent ne pas bouger pendant que tout change, inchangés, le temps passé à regarder les nuages changer, les bandes entrent dans les bandes, les laissent entrer, ne repoussent pas   les enfants à la peau douce et claire, aux poils clairsemés, font l'amour   le temps passe continuellement, les nuages qui passent ne sont jamais surprenants, les événements s'effondrent, deux ou trois nuages qui passent se changent en trois ou quatre nuages blancs   les nuages blancs, la blancheur des nuages rend le ciel bleu, plus bleu, d'un bleu plus franc, les nuages sont blancs et doux   le regard des yeux des enfants qui aiment, les nuages se laissent aller, crèveront, les

nuages vont crever   crèvent, les nuages neigent, sont
des flocons, sont de légers flocons, ressemblent exactement à
ce qu'on a déjà vu, sont nus sont nombreux   les nuages
faits pour se déplacer, pour grossir, pour faire des bandes
nuageuses, les nuages ne portent rien, ils n'arrivent pas à
porter, à soutenir, à garder, à soulever, ils ne soulèvent rien
ni personne, ils flottent sans avoir à porter, de grands
espaces blancs qui glissent qui couvrent le ciel qui flottent
en bandes, banderoles de grandes tailles, de la taille des
nuages   excédante, exagérée, couvrent des villes et
des villes, ne portent personne, les enfants sont seuls, sont
seuls avec des enfants, soudainement s'aiment   font
l'amour, ils ne disent rien, ils flottent dans le ciel, ne font
aucun bruit, c'est parce qu'on est avec le temps qu'on veut
mourir, quand une masse nuageuse est repoussée une autre
masse nuageuse vient la recouvrir   le seul plaisir est
celui de penser, se sont rencontrés, se sont connus, les
enfants s'aiment, se connaissent et se font l'amour, tulle à
reformer à partir du c'est passé, le passage de nuages qui se
forment, le lendemain ils ne sont plus les mêmes, ils se
déplacent, les nuages sont doux   ils sont partis, ils
sont détruits, ils sont en poudre, la poudre ne va pas loin,
s'élargit, les enfants qui vont faire l'amour vont commencer,
feront la première fois, commencent le chemin, entraînent le
chemin, d'un coup la lumière s'allume, se déséclaire, la tache
blanche s'élargit, sont partout où l'on regarde, sont difficiles
à regarder, sont blancs clairs, ils sont lumineux, d'un blanc
dispersé, sont partout   il n'y a pas de représentations
de nuages, ils sont là, ils sont toujours là, il n'y a qu'à lever
les yeux pour savoir les nuages   l'endroit où le nuage

a laissé de la place au bleu d'un ciel sans nuages, à l'endroit de ce qui est passé, où le temps est passé lentement en bulles, en boucles, les nuages sont beaux   presque rien n'a changé, ce qui change au passage des nuages est infiniment petit, les nuages passent à travers les montagnes, ne touchent pas terre, passent sans s'abîmer, les nuages traînent dans le ciel, ils n'abîment pas le ciel dans lequel ils traînent, ils ne s'abîment pas, il ne diminuent pas, ils ne font que passer, pas un ne disparaît, les nuages sont partout, n'ont pas de représentations, il y en a partout, pour voir avoir l'image des nuages dans les yeux, il suffit de lever les yeux, il suffit de baisser les yeux vers le ciel, il y a là des nuages qui flottent   n'ont pas d'images, les nuages sont sous les yeux, pour voir un nuage il suffit de regarder, un nuage vient sous les yeux   ce sont des bandes, des nuées, des bandelettes, des bancs épars, c'est le corps des enfants qui s'est formé, qui est formé qui s'est tendu, voilà tout le corps de l'enfant qui est formé, qui est en train de pousser, qui change, qui a changé, les seins poussent, les couilles poussent, montent   les nuages sont douloureux à regarder tellement ils sont lumineux, les blancs dispersés, partout des taches lumineuses blanches, où l'on regarde dans le ciel, sont trop lumineux pour les regarder, pour s'approcher ils ne se donnent pas rendez vous, ils s'approchent, ils sont l'un pour l'autre, comme s'ils savaient qu'ils étaient depuis toujours l'un pour l'autre   pendant qu'on regarde le vide blanc d'une masse de nuages qui passe lentement le temps passe, un arbre de la forme d'un arbre, au milieu d'un pré, une ligne touffue haute, de la largeur d'un chemin, quatre chevaux, un cheval, un bois d'arbres à longs troncs nus, une rivière, un fleuve, deux arbres plus longs que les autres arbres, devant la forêt, un bois à longs troncs nus,　　　un arbre plus long, deux chevaux, une série d'arbres sur un chemin, un arbre de la forme d'un arbre large, un chemin, quatre arbres aux troncs rapprochés, un groupe de vaches blanches, un arbre au tronc blanc, un champ, un groupe d'arbres, deux maisons, un champ, une rangée d'arbustes, un champ, une clôture de buissons, une traînées de buissons, des champs, un arbre au milieu d'une rangée de buissons, un bois sur le flanc d'une colline, un mont couvert d'une frondaison verte,　　　une colline boisée, recouverte, un champ vert, un champ marron, au milieu des arbres, des arbres de la même hauteur puis des arbres plus petits, trois arbres sans tronc, des arbres avec de longs troncs fins, des lignes des troncs, des herbes, des buissons et des herbes, un arbre seul, long, un arbre en boule, des champs, une rangée de quatre arbres hauts, puis de quatre arbres boule, un bois d'arbres verts dans un champ, quatre arbres longs, une forêt, un cours d'eau, une colline boisée, un arbre de la forme de l'arbre, un groupe de vaches blanches, des arbres disséminés, une colline boisée, un champ rouille,　　　trois arbres aux frondaisons rabaissées, un arbre aux branches levées, un arbre aux branches en étoile, un arbre aux branches vers le haut, un massif de sapins, un arbre transparent avec des boules, deux arbres dont un déformé, irrégulier, un arbre à double frondaison, une frondaison puis, plus haut, une autre frondaison, des arbres disséminés, un arbre avec des branches en l'air, un chemin, un groupe de vaches blanches, trois arbres, un arbre très petit sans feuilles les branches en étoile, un bois d'arbres à troncs blancs, des vaches marron, un arbre sans feuilles, un bois, un chemin, une clôture, une vache, une voiture, une bordure de buissons, quatre arbres, un cours d'eau, des prés, des arbres, des vaches, des herbes hautes au milieu d'un pré, un arbre les branches levées, un grand champ, des arbres dispersés, une rangée d'arbres sur la berge, un fleuve, un bateau,   un arbre seul, un carré d'arbustes, un arbre de la forme d'un arbre de petite taille, quatre arbres longs, trois arbres longs, une rangée de pylônes, une rangée d'arbres qui descend dans le pli sinueux d'une rivière, une rangée continue, une route, une rangée verte le long de la route, des faîtes, un grand arbre et un petit,   un bois à troncs nus, à feuilles noires, une voie ferrée, la densité du chemin vert, du chemin enserré entre deux cheminements de frondaisons d'arbres, d'arbustes, de buissons indétachés qui serrent le sol, un fleuve, une pelouse, des arbres de petite taille, un bois régulier devant un champ, des champs où il y a des arbres de petite taille isolés, dispersés, des arbres très petits autour d'une maison, un fleuve, des arbres longs, de petits arbres sur la berge, un buisson au milieu d'un champ, un bois carré d'arbres, une rangée de cinq arbres neufs, des lisérés de vert, des meules roulées, une route, de petits sapins, des champs, de jeunes petits sapins, un chemin, une rangée d'arbres épais séparés, un cheval, une rivière, une rangée d'arbres hauts, des arbres les pieds dans l'eau, un bois, des étangs, de la verdure autour des étangs,   un pylône, des vaches, un arbre à deux étages, un faîte, un faîte plus haut, au milieu d'un champ, des arbres hauts puis des arbres enchevêtrés puis des arbres dispersés, des vaches, des chevaux, des massifs

19

d'arbres aux troncs nus, un fleuve, des berges sableuses, des vaches couchées sur le sable, des herbes hautes jaunes, une cabane, un grillage, un arbre sans tronc, un fleuve, des berges sableuses, des berges d'arbres de petite taille dont un avec des boules dans la transparence, des plantes, de petits grillages, du sable, des barques, des vaches, un bateau à la coque en bois couché sur la berge, une rangée de six arbres épais, rustiques, petits, sur la berge près d'un pré, de grands arbres souples le long du fleuve, deux péniches rouillées, une avancée de pierres herbeuses, des pierrailles, des herbes folles, un arbre de la forme d'arbre au milieu de l'herbe, de grands bois d'arbres souples, une berge, deux barques bleues, un chemin de pierre, des stries marron, des stries vertes, des rangées arrosées, de grands champs jaunes avec des arbres verts derrière, un hangar aux feuilles grimpantes en tôle, sept arbres hauts, des arbres clairsemés, des arbres jaunes, un fleuve, une rangée d'arbres avec des troncs, une rangée d'arbres avec une ombre sur une route, trois arbres de petite taille seuls, un champ d'herbes hautes, une rangée d'arbres en pente, une forme de sapin seul, un arbre en forme de boule, trois arbres dont un sans feuilles, un arbre ouvert, un arbre filtrant, transparent, un grand arbre double, une vache, une rangée de sept arbres jaunes mesurés, une mer de nuages, une rangée de plants d'arbres, quatre arbres hauts, un champ, un pré, cinq moutons, deux vaches blanches, des arbres avec des troncs blancs, une double rangée d'arbres, une route, un arbre à feuilles tombantes, un arbre à boules, un arbre sans tronc, un arbre avec un tronc long nu visible blanc, un arbre aux feuilles presque blanches, un arbre droit haut, un bois d'arbres hauts à boules,   un arbre dans un pré aux ramifications harmonieuses, des vaches blanc et noir, des arbres clairsemés, des prés, une rangée d'arbres hauts et fins, des bois, des rangées, des clôtures, des arbrisseaux, des prés, une colline, un mont couvert couvert d'une toison verte, des arbres sans tronc, quatre vaches blanches, un cheval marron, quatre vaches blanches, deux chevaux marron, un arbre épais, un arbre penché dans un alignement d'arbres trapus au bord d'une rivière, des arbres transparents à boules, un massif de sapins fins,   un train, cinq vaches blanches couchées dans l'herbe, un groupe de moutons, un arbre penché, trois arbres droits, un arbre aux branches levées vers le ciel, un arbre haut droit, un buisson, un arbre sans branches,   un tronc penché, un arbre dont les branchent s'élèvent puis se penchent, un arbre à quatre branches, un cheval sombre, un arbre vert foncé, une citerne, un arbre vert clair, un arbre épais, deux étangs, une volière, deux arbres de petite taille, une grande rangée d'arbres ininterrompue, sans tronc, sans branches, des frondaisons vertes et quelques taches jaunes, une clôture de bois, une rangée de sapins, de grands troncs,   deux grands arbres avec des troncs blancs, deux vaches blanches, deux nuages bleus dans une mer de nuages tourmentée, un long tronc haut, une rangée d'arbres, un grand champ, un grand terrain de terre, une grande rangée de sapins, un pré, une mer de nuages, une rangée ininterrompue d'arbres verts sans tronc, sans branches, un arbre aux branches baissées à côté d'un arbre haut, un fleuve, un alignement, un arbre grand, un bosquet, un fourrage, un fleuve, trois arbres grands, dix arbres petits, une rangée rangée sur le fleuve, une île, des arbres de l'îlot, cinq petits arbres dans un pré près du fleuve, un arbre arbre à dix boules, un long tronc blanc, un fleuve sableux, un barrage, une cascade, une écluse, une forêt de sapins, une colline de sapins, un pont, une panoplie d'arbres ouverts en éventail, une série ininterrompue d'arbres petits au bord du fleuve, des bosquets, une limite nette entre les arbres et les prés, trois arbres au sommet d'une colline,   des bois, des bois délimités, une colline, de grands arbres nombreux rangés avec des boules, un étang, des arbres sur le bord de l'étang, le bord bordé d'arbres, de la neige, des vaches, des arbres au tronc blanc, des prés, des buissons serrés, un arbre haut le tronc recouvert de feuilles vertes, de la neige, des vaches, des branches broussailleuses, une nappe de brouillard à mi-hauteur qui plane, des bosquets qui clôturent des champs, des champs inondés, un cheval brun, des arbustes dans les prés, des moutons, une vache, quatre chevaux bruns, un arbre mort, un bosquet d'arbres fins, un champ inondé, deux arbres qui émergent d'un champ inondé, de grands arbres fins avec des boules dans les branches hautes   les nuages sont creux, n'arrachent rien, on peut passer la main à travers, les nuages sont au-dessus des mains, ne touchent pas les mains, ne touchent pas terre, les nuages sont blancs, sont de la blancheur de la mer et du ciel   commencent un chemin, inventent l'amour, tous les enfants font l'amour à des enfants, sont ceux qui font l'amour, le nuage va arriver à penser, est déjà une pensée, les nuages se désagrègent, les nuages sont en suspension, le mystère est entrouvert, ouvert, découvert, comme l'est l'écoulement, l'écoulement des nuages du temps, l'enfant caresse, de la force d'un nuage attiré par un autre nuage, il n'y a pas de forces entre deux nuages, le nuage est poussé par le vent, soulevé par le vent les nuages se désagrègent, les nuages sont en suspension, le mystère est entrouvert, ouvert, découvert comme l'est l'écoulement, l'écoulement des nuages du temps, l'enfant caresse les nuages sont en morceaux, se coupent, s'ensevelissent, sont enveloppés, ne sont qu'un enveloppement, attendent de ne jamais être seuls, à s'envelopper, à se couvrir, le nuage me met mal à l'aise, il ne disparaît pas, il s'effiloche, il ne disparaît jamais complètement, plus loin est transporté dans le ciel, les enfants sont seuls à penser, à aimer, à faire l'amour, à se caresser, sont d'autant plus blancs qu'ils s'aiment en restant des enfants le nuage qui flotte légèrement éloigné des nuages passe lentement il existe un autre monde, les enfants vont commencer, commencent, les nuages dans les vents sont-ils en spirales, sont ils des millions de spirales spiralées, les nuages sont plus grands que le ciel les jeunes filles et les jeunes garçons sont les symboles de l'amour, ils sont en train de faire l'amour, quand on est en vie, on fait l'amour, on ne voit plus le passé, on ne voit plus ce qu'il était, ce qu'il est devenu, sa trace est perdue, on ne peut pas faire le lien entre ce qui était là et ce qui est resté, les nuages sont en perpétuel changement, on ne peut pas le prendre dans la main, le temps continue de passer, il n'y a aucun barrage au passage du temps, soudain le sexe d'un enfant blanc bande, les nuages se détachent, n'arrachent rien, ne sont pas capable de détacher, n'ont pas la dureté et la férocité d'arracher, les nuages passent sans rien emporter, sans rien bousculer, sans rien arracher, ils n'arrachent pas, ils boursouflent, il gonflent, ils forment des taches, ils voilent, ils ont fait des voiles, des bandes cotonneuses, des bandes volatiles, ils sont dans l'air, ils sont de l'air, ils volent   d'un coup un enfant veut d'un enfant, veut entrer par le sexe dans un enfant, il ne se retient à rien, les enfants sont attirés, soudain veulent faire l'amour en aimant, aiment, veulent faire l'amour, sont des flocons, sont identiques   se ressemblent, ont toujours la même forme s'ils sont pliés ou étirés, ils sont ronds, ils sont arrondis, ils glissent de la même façon, ils n'ont pas d'autre forme que la forme   ils partent, ils partent puisqu'ils changent, un grand nombre de nuages partent, les nuages volent, flottent, avancent, arrivent, il n'y a rien que l'on puisse faire pour freiner leur course   glissent sans obstacles, les enfants, pendant que le temps passera, commenceront à faire l'amour et ne s'arrêteront plus par la suite, que le temps passe ne change rien, les nuages n'abîment pas   ils se regardent, ils se donnent la mains, ils posent leurs lèvres, ils posent leurs sexes, ils se pénètrent, il existe des masses informes de nuages,   à quoi ressemble un nuage, regarder un nuage qui passe dans le ciel, regarder le ciel, il y a un nuage qui passe dans le ciel, les enfants font l'amour sans comprendre, ne comprennent pas ce qu'est faire l'amour, il n'y a pas de ressemblances, les nuages ont la forme qui passe dans le ciel, ils n'ont pas d'autre forme, il n'y a pas de forme propre aux nuages, les nuages n'ont pas de formes   je ne vois pas les nuages, les nuages ne soulèvent rien, ils sont neutres, nus, blancs, annihilés, blancs, flottants, prennent une grande place dans le ciel, ne se laissent pas tomber, l'échange amoureux est enveloppé, personne n'a jamais vu personne faire l'amour, est caché, est un secret   aucun nuage ne peut revenir en ayant gardé sa forme, ils se sont tous perdus, ont ce don de partir, de s'en aller sans voir par où ils sont partis   il n'y a pas de points par où ils passent, les nuages ont pris la peine, ont pris la fuite, ont pris l'espace, ont pris des souffles, ont pris des fleuves, se sont détachés les envies des enfants pointent, en s'engouffrant dans le fait de faire l'amour, vont passer à travers, je ne me souviens pas du nuage qui était là, de la forme du nuage que j'avais sous les yeux, qui était là un instant plus tôt, le vent peut souffler, les nuages se déplacer lentement, les événements glissent sur le fait de faire l'amour, éparpillent le ciel   laissent le temps se se séparer et de s'approcher, les nuages sont arrondis, sentent ce qui s'échappe, se désagrègent, on donne l'accord, glissent, forment un encerclement, les bandes sont blondes, sont bordées et rondes, s'entraînent plus loin, ne font pas de vagues, les vagues se détachent, n'ont plus l'aspect de vagues mais celui de détachés, si ce qui se passe sur terre avait un lien avec la forme des nuages   la nuit venue, un rayonnement voit le jour, à travers les nuages, ce sont quelques bancs de nuages qui passent, qui se désagrègent la traînée d'un bond, les enfants ont un corps qui monte, maintenant passe sans laisser de traces   les enfants ne sont pas ivres, ils font l'amour, les nuages ne se sont pas absentés, l'ivresse

Textes

Le son est beau, le son d'un instrument sonore est beau, est beau ce qui vient dire voilà je suis soudain un son, je sonne, je mets le paquet, je vais exploser, j'explose, le son est beau celui qui explose, qui se met là, qui vient se poser et dire voilà je ne suis qu'un son, un son d'un seul son et je viens me poser, voilà je me pose, je me pose en explosant, j'explose, je suis content de venir, je n'ai pas eu le temps d'annoncer que j'allais arriver que je suis déjà là, qu'il est beau le son qui vient, il est venu, il a explosé, il explose, c'est le premier son, c'est le son d'un instrument à son, les instruments à son font grand bruit, en voilà un qui commence, c'est le début, c'est le tout premier son pas sonore explosif, il a débuté commencé, un premier son et tout commence. Percuté. Le premier pas percute, le premier pas percuté, le son le fait commencer. Le premier son suffit car le son est beau, le son d'un instrument qui donne un son, qui donne un son. Le fait de commencer, le premier pas est percuté. Un premier pas percuté appelle un autre percuté, attends, attends voir, percuté est coupé, percuté ne coupe pas, percuté est le deuxième, percuté n'arrête jamais, ne coupe pas, percuté, et percutement il y a eu, appelle continue appelle attend appelle coupé appelle explose appelle, paracyclique, un nouveau coup de trompe sonore. Le percutement appelle quand il se tait, il peut en faire plus, il peut faire plus d'un pas, il est possible, il est bien plus qu'il n'en donne, il est bien qu'il en donne plus, plus d'un premier pas, que les pas continuent, il rebondit, il est le rebondi, il ne coupe jamais, il ne s'arrête jamais, le premier coup donné, ce ne sont pas les sons qui sont les plus beaux, il ne s'arrête jamais.

Il faut être courageux pour égorger les enfants, je ne peux pas égorger un enfant, il faut avoir du courage, je me vois tuer quelques personnes à l'arme à feu mais je ne me vois avoir le courage d'égorger des enfants, je ne m'en sens pas le courage, nous sommes nombreux à aller égorger des enfants, nous nous égorgeons pour faire de la place, pour détruire la place, j'égorge des cochons, des lapins, des agneaux, des veaux, des cochons. Ils égorgent les jeunes enfants, ils sont courageux ceux qui égorgent de jeunes enfants, nous vivons avec les gens qui ont déjà égorgé des enfants, je ne m'en sens pas en avoir le courage, n'ayant pas l'habitude de vivre comme fermier à la campagne avec des animaux à tuer par égorgement, l'égorgement se réalise dans le décor paysagé maisonné routier animé fermier, il y a l'égorgement de plus, rapide, passager, violent, ce n'est pas la folie, la folie où elle est, ni l'étrangeté, l'étrangeté où elle est, à vivre avec tous les garçons qui ont égorgé des enfants, parce que je ne suis pas du village dans la campagne dans la bataille, ils ont le courage de détruire tout, je ne vois pas les zones de familles d'occupation, je veux vivre avec tous les garçons qui ont eu le courage d'égorger des enfants qui vont en survivre.

La littérature tient par la tenue, elle est tenue, elle ne se tient pas à rien, elle se tient à la bonne tenue qu'elle a tout à coup, la littérature tient le coup. Dans la trituration de les ses mouvements illisibles par les ses propres carrés soutenus forme s'assoit en tenant pour tenir à ses propres tiraillements. La littérature est tirée de deux cotés opposés et possède le don de s'opposer, a le don de s'autoopposer, a le don de s'avoir tiré, de se tirer de tous les côtés, des quatre côtés, est un carré, est un carré élastique, un carré en matière élastique d'où le de dire que c'est un pan élastique parce qu'il part de tous les côtés en restant toujours attaché au à le carré à tout ce qui n'est pas le bord, à ce qui lui fait faire la sa forme, il y a beaucoup de dehors du bord, c'est la plus grosse partie, de beaucoup, s'accroche à tout ce qui est et tout ce qui n'est pas du bord, elle s'écarquille elle écarte les jambes, elle écarte les pieds, elle écarte les doigts des pieds et s'accroche, en écartant les pieds que la littérature est comme mieux, est comme mieux tenue, assise, étalée, tout ce qu'il peut atteindre atteint, elle va l'atteindre à quatre pattes, elle s'est déjà bien installée à tous les endroits à la fois qui s'accrochent, qui sont les pieds à terre, la littérature a des terrains est territoriale est attirée est attachée est tenue implacablement a des terrains dans tous les endroits, dans toutes les positions, elle retombe sur ses pieds, elle se réorganise automatiquement, quand elle écarquille, elle trouve partout où s'écarquiller, atteignant tous les pignons, elle est un carré élastique, en s'opposant, elle s'appuie toujours, en s'écarquillant, c'est comme ça qu'elle tient, elle est attablée épinglée et attisée oui attisée, appuyée sur l'attroupement. La littérature est littéralement tirée à quatre épingles dans tous les sens.

Une danse ou une structure ou alors une structure dansante ou bien une structure dansée ou une danse structurée bien structurée dansante assez dansante bien dansante qui danse bien qui a des structures qui a de bonnes structures solides ou est-ce des structures qui se mettent à danser dans tous les sens dans les airs ou de très nombreuses structures qui dansent ou une nuée de structures qui se sont mises à danser dans les airs en tout sens ou bien c'est que c'est une structure qui se danse ou alors ce sont des structures dansantes et qu'elles se mirent à commencer à dandiner puis à faire quelques pas puis à faire que ces pas étaient des pas de danse elles dansent elles se sont mises à danser ou elles étaient déjà en train de danser ou elles sont nées dansantes ou elles dansaient déjà quand les structures se sont mises à danser et elles se sont mises à danser ensemble parce qu'elles ont été prises par la danse et elles se sont mises à danser ou c'est que c'est une danse qui se danse que c'est une danse et que les danseurs et les danseuses qui étaient des structures sont entrés dans la danse sont des structures qui dansent ou sont entrés dans une structure dans un grand nombre de structures une nuée de structures et en entrant dans la danse dansent qui ne dansaient pas plus que ça puis qui sont entrés petit à petit dans la danse.

il y a un bruit. Il y a un grand bruit qui dure. Un bruit qui vient. J'entends un bruit, si vous ne l'entendez pas ce n'est pas grave. Je me vois mal me mettre à 15 mètres de haut sur un poteau métallique étroit à drapeau qui tangue pour voir ce qu'il y a à l'horizon. J'entends un bruit lourd de sens continu gros grand persistant – s'il y a un bruit c'est qu'il y a un moteur – il n'y a pas de bruit sans moteur. Mais alors un moteur gros grand continu persistant. Un bruit peut venir d'une plaque mais alors grande, étendue. Je ne dis pas ça pour moi, si j'entends un bruit, c'est qu'il y a un risque qu'il y ait un bruit. Nous parlons ici de la situation. C'est pour parler de la situation qui est très réaliste-élastique. Le bruit continu est grand quelquefois. Il est, il me semble, un peu plus grand et un peu plus petit à certains moments, c'est ce que j'entends, cela me plaît de l'entendre quelquefois de cette façon, comme ça je dis il grésille, je peux dire alors en l'entendant qu'il a changé qu'il y a alors un bruit qui grésille. On ne sait pas ce que c'est, c'est résistant, on ne vois pas bien, mais ce n'est pas loin, on entend rien mais un bruit, on est pas partout pour voir tout car on est un bouquet des neurones alliés les uns aux autres et on fait ce qu'on veut de chacun de nos neurones qu'on est. Je ne vais pas me moquer, je sais que nous sommes actuellement aujourd'hui, nous qui venons de naître, dans un endroit qui est tout aussi très rigolo que très sexuel. Et joyeux et porteur d'avenir et bronchique et codé et inscriptions et est un cas limite.

C'est l'histoire d'un gars très beau. Un bébé, un enfant, un joueur, un jeune homme, un apprenti, un père, un inventeur, un vieux, un vieillard beau. Au début, il travaille à deux avec un autre, avec Rodin, avec Le Corbusier, avec Miró, puis il travaille encore en commun avec ses amis Modigliani, Bartók, et Guillaume Apollinaire, puis il travaille à deux ou à plusieurs avec Yannis Xenakis, et avec Fernand Léger, et avec Erik Satie puis il travaille à deux et à plusieurs avec Picabia, avec Picasso, avec Ravel, puis il travaille agréablement à plusieurs avec Stokowski, Chou Wenchung, Michaux, Cowell, et Boulez, puis il travaille un peu avec Alexander Calder, et avec Claude Debussy et avec John Barrymore, puis il travaille à deux avec Mahler et avec Cage, puis il travaille à deux avec ses amis Romain Rolland, Marcel Duchamp et Antonin Artaud, puis il joue des grelots, des flexibles, des trombones, des papiers émeri, des balais métalliques, des brindilles de bois, et avec des cloches, puis il écrit, puis il arrive avant l'avant-garde, puis il arrive après la mode parce qu'il arrive après les avant-gardes, que c'est maintenant fini les rigolades, puis il donne le conseil de se méfier des constipés et des calvinistes, puis il meurt, puis on joue Varèse en 1996 à Lyon, l'année dernière.

Il y a l'histoire de l'occultation de ce qui s'est fait, de ce qui est bon et beau, de ce qui se fait à cause que c'est de l'ordre de l'invention la plus totale, ça n'existe pas, la création est toujours un peu stupide et mal en point parce que c'est pas dans l'ordre de la suite logique des discussions documentées et justes et des réflexions naturelles qui découlent naturellement des discussions réfléchies des envies naturelles de la réflexion sur les faits fabriquées qui font rêver et sur quoi on a le bonheur de comprendre et d'analyser, une analyse et une lecture qui procurent du bon plaisir. Les intellectuels reliés sont au travail et discutent. Je comprends qu'il existe maintenant une matière d'organisation combative entière structurelle dépendante. Trop de regards se retrouvent penchés sur le berceau de la création. C'est comme un retardement de déclenchement pour retarder. Ce n'est pas pour le désert, ce n'est pas pour le goût du public, il y a un blanc, on se parle sans haut-parleur. C'est pour le rond du monde.

Tu dis ça comme ça après les avant-gardes, pour faire l'expression, tu veux dire nous sommes maintenant. Je ne comprends pas après les avant-gardes, je comprends maintenant. On dit le mot avant-garde pour dire les inventeurs, un endroit après les avant-gardes est un endroit sans inventeurs. Nostalgie. Histoire. Antiquaires, marchands de vieux, on est pas marchands de vieux, on est nés. L'après-coup d'après les avant-gardes déforme, la déformation d'après-coup anachronique est une déformation irrespectueuse. Je ne comprends pas après les avant-gardes, je ne comprends pas non plus après les révolutions, la révolution de Maïakovski. Je ne comprends pas la description par manque, par lavés, par guéris, par récusés. La déconstruction est pleine de fondements et pleine de retenues et pleine de maîtrises et pleine de soins et pleine de terreur. Radicalisme, radicalisme, radicalisme. Je ferai la liste de noms et de textes d'expériences. Je suis l'avant-garde en

1997. Tu veux dire nous sommes maintenant. Et ça, c'est vrai, peu de personnes l'ont vécu. L'extrémisme est large. Nous sommes sur un extrémisme radical large, un extrémisme large composé de milliers de petites utopies qui forment une surface extrémiste tant elles sont extrêmement nombreuses, un extrémisme de surface. Elle ne se froisse pas. On ne va pas enlever la peau de la tête de l'homme à qui on parle. Tu sais qu'il ne faut pas beaucoup me pousser pour exalter autant de manifestes qu'il y a d'RR. Mot d'ordre : Pan et pan ; But ultime : Plaquer la plaque ; Prise de pouvoir : immédiate. Ce qui plaque la conscience est bon. Il faut une sacrée dose pour décoller.

La question sur après les avant-gardes devient étrange dans la coïncidence dans laquelle nous nous trouvons pendant que nous la relevons où nous sommes quand nous en parlons dans la galerie où se préparent les performances de Jean Dupuy et de Charlemagne Palestine dans la galerie avec le bruit de leur chantier dans le fond. Ils font une action qu'ils nous donnent avec gentillesse maintenant en personne en chanson. Nous allons à la galerie avant de discuter de Kabakov et de ses Dix personnages avec Doury en allant à Canal. Dans la soirée, à la galerie, où sont exposés des toiles et des lits et peluches, Kati nous explique les anagrammes et les couleurs de Désir Fou de Jean Dupuy, après l'action de Charlemagne Palestine, Pascal me raconte les concerts de Nico et regarde dans la collection d'ours en peluche les ours qui lui plaisent le plus. Nous rencontrons Bernard Heidsieck qui passe voir. Je trouve le poème Le

Milicien de Prigov le lendemain. Je demande à Sylvie Ferré de m'envoyer une photo de moi sans pantalon du pantalon et le bidon de Lyon, j'achète le journal des fous n° 4 à cause de la tête à Hubaut qui est dedans. Je relis l'ouvrage de Rose Lee Goldenberg, les performances de dada à maintenant. Il n'est pas traduit de l'américain, c'est de l'histoire de l'art. 6, rue Neuve, Limoges, Haute-Vienne. Je repense à Chklovski rencontre Tel Quel à Paris. D'où rien. J'écoutais Circles de Berio avant de partir pour l'exposition, ô la belle voix. Je téléphone à Thierry pour qu'il écoute aussi, il me dit qu'il est en train de lire Circles de Berio. Nous papotons avec Marie Kawazu pour prédire si Julien Blaine et Charles Dreyfus se croisent en ce moment à Tokyo. Les poètes donnent la force et la force passe.

moteur

cloche égale moteur
cloche = moteur
une cloche égale un moteur

le son sourd de un moteur

un petit moteur

un petit moteur bien fait
ne fait pas de bruit

Nappe

une nappe flotte
quoique à cette heure une masse de crevettes monte,
quoique à cette heure une masse de pierres blanches
monte, quoique à cette heure la masse de neige n'atteint
pas le bois, quoique à cette heure les couches des nappes
changent de couleur

la nappe vue de côté ou la nappe vue depuis contrebas ou
la nappe vue de loin

change d'aspects

changement d'aspects

pose

ce qui tombe ne tombe pas à pic
mais se pose

la pluie tombée, une fois la pluie tombée, la pluie tombée
n'est plus la pluie

une pluie ou autre
un port ou autre

mais pose

sens

le sens mange

ou avale sans mâcher

le sens en substance où est suivre lus la croix haute
ne s'embourbe pas mais

où est l'endroit de la route où est montagneux neigeux paysagé plus ou moins enneigé bâti mité plus ou moins mité
bâti plus ou moins d'arbres

est fait de toute la substance

ne s'embourbe pas mais est l'endroit toute la substance
en étalement longuement

trou

un trou est quand on laisse

d'écouter devant un trou alors qu'un objet

d'attendre attentif à un trou où
.
une chose y a chu
on est devant un trou après que quelque chose y est tombé

soit y a chu

un trou c'est quand on laisse un truc tomber dedans et que
ça ne provoque rien, ne fait rien, ne produit rien

contrairement au trou faire manger, manger fait de l'effet

on y attend une répercussion, un effet, une relation, un pous-
sement, un cri, une chaleur, et rien, non, il ne se passe rien

ça n'a aucune répercussion

même en attendant longtemps
même de l'autre, au loin du trou, de l'autre côté du trou
même dans un autre monde

on est là devant le trou où un truc est parti
et où la conséquence est rien

s'il n'y a aucun effet
d'avoir laissé un truc tomber dedans alors c'est un trou

le truc passé est perdu
tombé dans le trou est perdu point

un trou c'est quand on laisse tomber un truc dedans et qu'il
ne se passe rien

la fabrication, la structure, le trou, la boule, la répercussion, le
terme, la forme, la machine, le sens, le moteur, l'articulation

la boule

la boule tout autour et on peut chercher longtemps

pour faire une boule il faut qu'il n'y ait absolument rien
autour
absolument rien

une boule est utile

le sens

le sens est en train de manger; on ne peut pas le déranger
pendant qu'il mange
le sens mange.

mange du bon ou recrache ou avale sans avoir à mâcher.

le moteur

un moteur est un ronronnement
le moteur ronronne
un moteur tourne

le moteur est au centre

le moteur la cloche
le balancement, un pivot, le battant
la cloche fait un bourdonnement
un moteur bourdonne
cloche égale moteur

la forme

je vais former une forme parmi les formes
une nouvelle forme

la structure

la structure donne le lien de la raison de l'écroulement de la
conséquence à la force de la forme de la nappe.
nappe de brouillard, nappe d'huile, nappe d'eau, nappe de
pâte chocolatée

la notion

la boule est la notion

un sens de boule nappé est la notion non ronde d'une boule
de sens

la boule est nappée

nappe et étale le centre rond de l'esprit
la notion centrale
le sens forme une boule de notions centrales, renferme une
notion

cache une notion, le sens s'étale sous la forme d'une nappe
étalée

la boule de sens est nappée
s'échappe en nappe, sort en boule non ronde

cache toute forme de procès, ne se limite pas, étale sa nappe
cache la notion
n'entoure pas une notion non ronde

ne démontre pas l'existence d'une notion, la notion a la
forme d'une nappe étalée

au centre de la notion, la boule de sens

ce qui sort d'une boule, ce que donne le sens

le sens donne une forme d'une nappe étalée

ce qui se démontre d'une notion, la notion se cache sous
forme de nappe

il n'y a qu'une vague, qu'une bulle, une bulle s'échappe
sort de là, de ça, de la volonté de la notion de se cacher de
s'entourer de se dissimuler sous la nappe

a combien de bulles, a combien de formes, a combien de
notions, toutes les nappes de sens s'étalent et s'accrochent où,
où toutes les notions se nappent, s'entourent, se referment

il n'y a qu'une notion qui s'échappe
qui s'échappe en rond, qui n'a pas voulu de formes

qui n'est pas celle qui s'accroche, qui est celle qui s'étale

la nappe est nappante toutes les bulles des boules ont des
sens sont nappées maintenant

sont remplies de sens, sont pleines de sens, n'ont plus de
sens
n'ont jamais eu de forme, vont et viennent en nappes, sont
lâchées

la bouillie

la bouillie n'est pas un ciel,

n'est pas un éclair, une bataille, un orage, une ombre gigan-
tesque immense, un désert, la folie

arbres d'hiver, maisons de branches, à l'endroit de suivre
Lus

l'endroit ne s'embourbe pas mais est fait des substances
dont est fait le paysage

en démarrant parmi les ustensiles
avec l'utilité têtue redondante satellite souterraine

une de ces manières mirifiques ondulées endurées de miels

en démarrant

dès que le moteur est en marche, marche tourne barde
braque pète palpite ronronne ramasse route de l'énergie
dans le moteur, Hommage à Énergie prêt part emporte
huilé a démarré particulier tourne ramasse, hommage à
mise en marche. puissance retient ronde dure ne chauffe
pas trop respire route, Hommage à Masse de fer les pieds
sur terre par le poids fait du fer fait ascender fait tourner
fait monter fait redescendre fait retourner fait lever fait
tourner explose partout parce qu'est soudainement
poudre, Hommage à Explosif fonction à poudroyer à
arrondir à pester à présentifier à personnifier fait fonction
de jeter, Hommage à Brûler fond fortifie tasse se calait se
cala se cale, Hommage à Partout en Rond, moteur pou-
drant, moteur à poudroyer ramène expose, Hommage à
Poudroyer

la fabrication tombe

l'homme-produit

les moteurs tournent

les quelques bruits

le moteur produit en ce moment

la pluie ne touche pas terre

métayer

remplissure est boursouflé, réminiscence est chevelure
galopade est gagnant, boursouflure est gelé, gentil, garne-
ment rapide

rapidement, bourré est remplissure
battu est gelé, persiflage, crapahutage, pourriture

bon-sang, ponton, barrage, bourrage

garniture est pourri, chevelure est archaïque, atterré est
très-bon
très-bon est distance est va-vite

va-vite est santé
santé est galopade

Bourre-le, bourre-lui la tête, barre-le, barre-lui la bouche, bourre-lui la bouche, bouche-lui la bouche, empêche-le de parler, bourre-lui la bouche, bourre-le, étouffe-le, barre-lui les yeux, bouche-lui les oreilles, cache-lui les yeux, empêche-le de voir, qu'il ne puisse plus voir, cache-lui la tête, enveloppe sa tête, enveloppe-le, bloque-le, bloque-lui les mouvements qu'il ne puisse pas s'échapper, enferme-le, serre-le, bourre-le, bloque-lui les bras, colle ses jambes, serre-lui les jambes, bourre-lui le cul, barre-lui les jambes, embarque-le, empêche-le de bouger, barre-le complètement pendant qu'il ne se forme pas, pour qu'il n'ait pas le temps de se former.

Lâche-le, laisse-le, détends-le, respire-le, respire-le à fond, laisse-le venir, ouvre-le, prends-lui le fond, chope-le, laisse-le approcher et chope-le, avale-le, enlève-le, détache-le, sors-le de là, prends-le à fond, sépare-le, détache-le de lui, sors-le de lui, avale-le, hume-le, prends-le dans le nez, ravale-le par le nez, inspire-le, respire-le, aspire-le, enlève-le complètement pendant qu'il n'a pas le temps de se former, pour qu'il ne se forme pas. Je suis les relations telles qu'elles sont. Je serais une machine face au capitalisme.

Les nappes sont des substances, les substances sont des notions, les notions sont bourrées, les bourrés sont des balanciers, les balanciers sont des liquides, les liquides sont des produits, les produits sont des confusions, les confusions sont des entournements, les entournements sont des substances, les substances sont des confusions sexuelles, les confusions sexuelles sont des intellectualisa-

tions, les intellectualisations sont des systèmes, les systèmes sont des phonèmes, les phonèmes sont des engorgements, les engorgements sont des bourgeons, les bourgeons sont des phases, les phases sont des bordées, les bordées sont des balourdises, les balourdises sont des appareils, les appareils sont des moteurs, les moteurs sont des
terreurs, les terreurs sont des polices, les polices sont des
éparpillements, les éparpillements sont des terrains, les
terrains sont des machines lourdes, les machines lourdes
sont des bâtiments, les bâtiments sont des structures, les
structures sont des nuées, les nuées sont des baves, les
baves sont des substances, les substances sont des formations, les formations sont des renfermements, les renfermements sont des dangerosités, les dangerosités sont des
sacs hermétiques, les sacs hermétiques sont des bulles, les
bulles sont des constructions, les constructions sont des
fermentations, les fermentations sont des phases, les
phases sont des soudards, les soudards sont des reformulés, les reformulés sont des odeurs, les odeurs sont des
odeurs de fiente, les odeurs de fiente sont des fientes, les
fientes sont des courages, les courages sont des endoloris,
les endoloris sont des délations, les délations sont des doublures, les doublures sont des données, les données sont
des immeubles, les immeubles sont des éparpillements, les
éparpillements sont des contrôles, les contrôles sont des
attentions, les attentions sont des opérations, les opérations sont des effondrements, les effondrements sont des
manquements, les manquements sont des lacs, les lacs
sont des poches, les poches sont des trous, les trous sont
des engloutissements, les engloutissements sont des

échappatoires, les échappatoires sont des nages, les nages sont des emplacements, les emplacements sont des formes rondes, les formes rondes sont des accroches, les accroches sont des pendules, les pendules sont des dévidés, les dévidés sont des appareillages, les appareillages sont des fous, les fous sont des clochards, les clochards sont des baves, les baves sont des endroits où se trouve un peu de la pensée.

La chaleur de l'homme monte de la tête, s'élève dans le ciel comme la fumée dans le ciel. On peut tirer de l'énergie des tomettes, les tomettes sont cassées, sont fêlées, sont brisées, sont décollées, on peut tirer aussi de l'énergie des vieilles tomettes ocres à six côtés décollées.

On peut laisser la moitié de la fenêtre peinte elle vient d'être peinte, on peut laisser le bord bleu du vieux plâtre, remettre de la couleur de l'eau de poudre couché, passé, étendu, au gant, au chiffon, au rouleau, à la grosse éponge, à l'éponge, à l'éponge de cuisine, à l'éponge l'animal, à l'éponge chiffon, au gant éponge, et une couche de chaux bleue, ou une couche de plâtre ocre jaune, ou une couche de gomme latex de terre de sienne, par endroits, par endroits.

On peut mettre de l'eau de l'acétate au pigment d'ocre au pigment bleu charron outre-mer au jaune petite quantité directement sur la vieille peinture, sur les couches de plâtre, sur le bois, refaire de l'enduit blanc là où les trous sont les plus gros et recoucher l'eau de l'acétate de la poudre jaune ou de la poudre ocre ou de la poudre bleue, et laisser tous les tuyaux ou recoucher une couche de noir bitumineux sur les tuyaux ou transformer la rouille des tuyaux.

Pour renduire, replâtrer le plafond variable qui varie d'effondrement et de coulée et de tranchée et de gratté et de sali et autour du jaune d'une couche d'eau d'acétate couchée avec l'éponge étendue, on peut laisser la porte de la couleur qu'elle avait en la lavant et son dormant.

Reboucher le et passer une couche de gomme sur la poudre de la suie qui poudre le mur en remontant dans le plâtre avant de repasser une couche de d'eau de couleur, gratter le plâtre orangé laissé, renduire d'enduit de latex et de poudre de couleur le bas des murs sales, laisser la branche de la fenêtre rouillée décapée rouillée ou l'enduire de le transformateur de la rouille en enduit noir.

Laisser la moitié droite de la fenêtre jaune d'un jaune qui ne va pas avec l'ocre du mur, refaire le plâtre de l'étagère qui s'effondre, retrouver le bleu laissé où le mur ne décolle plus, laisser le carrelage jaune, mettre un peu de blanc à côté de l'évier, laisser les traces des murs sous l'eau jaune, on peut laisser ce qu'on a pas fait en l'état, laisser en l'état un certain nombre de jours.

L'homme a plusieurs trous je ne sais pas où mettre les trous de l'homme, je peux déplacer de cinquante centimètres le trou d'évacuation du bassin bassine bassinet avec un peu de pente pour laisser la place au trou de douche au fond au milieu en remontant le trou d'évacuation de la fenêtre en y attachant le trou d'évacuation pour reboucher l'ancien trou de pour boucher le trou de la porte avec une porte attachée des fumées de et inventer un nouveau trou qui traverse la cloison et va s'installer de l'autre côté de la cloison pour l'évacuation.

Toto

Toto réoriente la tête de camion. La tête de camion grince et rebondit quand il tourne la tête. La tête tourne bien autour de camion. Camion sait bien faire tourner la tête de son camion. Camion se gare, s'il se gare c'est qu'il ne dort pas. Toto va sortir, il ne veut plus être ça qui subit ça. Toto va sortir parce que le restaurant est ouvert. Toto face à la porte voit droit. Le monde est tout droit. Toto ne se fait pas remarquer, ne tourne pas sa tête de droite à gauche comme fait camion avec la tête de son camion. Toto à sa guise dose le respiré, le respirer est un truc. Toto a le truc. Toto tombe pile et n'entend rien. Dépeint faisant le deuil de le restaurant en sortant parce qu'il part. Il rachète le même bidon d'huile et part avec son bidon en direction de son camion. Ça y est il a fait le deuil du secteur. Les couilles de camion l'éloignent du seul petit but qu'il s'était fixé et le ramènent aux fesses blanches. Toto ne se fixe pas le moindre petit but depuis qu'il est arrivé aux couilles de camion. Les couilles et les fesses de camion pendant qu'il a son pantalon descendu compensent tout ce qu'il avait mis dans sa zone de pensée. Son idée était fixée, son idée est fixe. Toto ne va pas tourner dans tous les sens. Toto est totalement inconscient. Il mange et pipe mot. Mange tout ce qu'il y a dans le restaurant et ressort. En regardant en face la porte de sortir en regardant bien droit devant lui. Il fait le plan. La route de sortir de l'aire est celle qui est là. L'autre route fait un rond. L'autre route encore c'est celle pour entrer. Toto ne va pas entrer, il va sortir par le bon bout. Toto à un mariage. Et à une mairie. Toto a trois autoroutes se rencontrent au même point. Pour deux pour trois Toto a toujours tout mis au point. Mis au point. Quelle abondance abondant. Autour du point p, Toto a mis au point. Toto qui se marie. Toto marie. A rencontré trois autoroutes. Toto à la douane. Deux douaniers à moto. A rencontré camion. Camion est camionneur. Toto a mis à l'honneur la dose. Toto donne la dose. A remis à l'honneur. Épouse la dose. Toto mit au point le doseur du dosage de la dose et de la dose dosée. Toto dose. Toto a mis au point le savoir doser que la dose a mis au point la dose. Encontre trois douaniers à l'autoroute. Toto ne va pas au point de ne pas savoir doser. Toto met un point d'honneur à donner un point final à doser, à le savoir de la dose, à la définition de la dose, à dose. Toto donne à la dose sa juste mesure. Toto mesure la justesse de savoir donne. Toto donne ? De la douane dit de donner. Toto remet au point au goût du jour de donner au douanier donner. L'autre autoroute croise. Toto croise l'autre autoroute. Trois autoroutes se croisent. Toto est au point p quand trois auto-routes se croisent au même endroit. Trois douaniers passent sur le pont. Quand Toto passe par l'autoroute trois doua-niers passent par le pont. Toto a mis au point un passeport à un pont. Où ? À un pont. Toto remet tous les passeports. Trois autoroutes promettent. Pour trouver. Toto trouvant. Comme trois autoroutes qui promettent, une qui trouve, une trouvée, une trouve. Toto prend l'autoroute. Pas le pont de l'autoroute, l'autoroute qu'il trouve. Un point dans chaque sacoche. Toto a une sacoche. Toto a mis au point la prise de l'autoroute. Un pour tous. Pas par exemple un pour tous pour une fois. Parmi pour tous pour prendre une direc-tion, Toto prend pour vrai. Toto porteur. Toto preneur.

Prend tout pour vrai. Toto porte un pantalon à camion. Camion dit bander à l'idée de Toto sans son pantalon. Camion ne bande pas. Toto doit porter un pantalon à camion à son camion. Où est camion camion est à son camion. Toto ne porte pas son pantalon, Toto porte un pantalon. Toto attend. Toto comme tout est à point. Toto a mis au point bonne nuit. Pour que même camion soit à point. Pour que camion aussi soit au point la nuit. Camion n'est pas à son camion. Toto attend pardon. Pardon ne vient pas, Toto reprend son pantalon. Toto à l'autoroute repart son pantalon sous le bras remettre son pantalon. Toto tout nu. Toto a pourri son pantalon. Camion est au milieu de l'herbe. Trois douaniers. Deux douaniers passent par le pont. Dans l'aire pisse camion derrière le grillage. De l'autre côté du grillage. Passe à travers le grillage dans l'herbe. Camion est à l'autre bout de l'aire. Toto est au bout de l'aire. Toto bande. Toto ne voyant pas qu'il bande regarde demande pardon, pardon ne remarque rien. Toto ne remarque pas. Trois douaniers passent sur le pont de l'autoroute quand passe sous le pont de l'autoroute pour rejoindre Toto. Toto débandant sans remarque regarde la porte ouverte du camion. Point de douane, point de camion. Un pinson siffle dans l'aire. Toto qui ne remarque rien demande. Camion pissant sur la grille de la fin d'aire. Toto regarde dans l'autre direction en direction de l'autre bout d'une autre fin d'aire. Toto a mis au point de débander sans remarquer. Toto ne remarque rien. Toto prend son engin pour pisser. Toto bande. Toto prend son engin bandant dans la main et ne peut rien en faire, il n'en fait rien alors il attend. Toto attend. Toto fait bonne mesure. Toto demande à robot de l'emmener dans son camion, robot lui dit d'attendre, Toto attend. Robot boit un coup avec anode. Deux bières et deux bières vides. Probablement les bières d'auto et de banque. Banque est rentré à la maison en voiture. Camion qui dit bander dit voir Toto bander. Toto ne remarque rien. Camion passe le pont de l'autoroute. Auto passe par-dessus le pont de l'autoroute. Toto passe par le point p et met tous les autres points qui passent autour. Tous les points passent autour. À un moment sur un point de l'une des trois autoroutes qui se croisent. Une portion d'autoroute. Le pinson sifflotant sur l'aire prend Toto pour un con. Toto n'est pas con ne voit pas de pinson. Toto voit camion pisser. Camion a son pantalon derrière mais pas son pantalon devant. Toto demande à camion camion pourquoi tu pisses. Toto demande à pardon, pardon pourquoi tu passes. Toto sous-entend tout. Tout est à point, même camion. Camion pisse. Le grillage tient. L'herbe. Toto bien dosé donnant la définition de la dose. Toto à un mariage, Toto se marie avec la dose. Camion est de dos. Toto sous-entend sous le pont. Toto sous-entend sur le pont. Colorions. Toto a mis deux doses au point, Toto dit de donner encore plus que deux doses. Deux doses ne sont pas encore suffisantes. Deux douaniers passent en sacoche par le pont de l'autoroute. Auto traverse l'autopont. L'autoroute donne encore plus de deux camions. Toto porte un pantalon. Camion porte un pantalon plus grand. Camion bandant porte un pantalon plus grand. Camion prend l'autoroute, le plus grand. A pris. Dit voir Toto. Toto dit ne pas voir camion. Con passe plus d'une fois par sous le pont. Pardon ne remarque même pas Toto. Toto inventeur de la dose. Toto invente la dose. Toto inventant le dosage.

Toto de dos. Toto baisse son pantalon. Camion baissant son pantalon. Pendant trois autoroutes. Toto et camion, camion et Toto. Prend de la distance une grande distance. Prend deux grandes distances. Robot prend deux bières à patron. Patron donne deux à robot et deux à auto. Auto et robot chez patron. Le point porte à faux. Les points de pantalons portent à faux. Le point des points de pantalons portent à prendre pour vrai. Toto voit vrai. Toto prend pour vrai. Toto voit pour vrai. Voit la longueur à bouts de bras, Toto voit la dose, de toute sa hauteur. Toto a trois traits. Toto est donné ne donne rien. Tourne ses trois traits. Tire son tour. Toto n'est pas un très long trajet. Toto ne veut pas être toute la longueur du trajet. Toto est arrêté. Toto est un trait très court. Il pense de toute la longueur de ses bras. Toto a deux traits. Toto pense toute la longueur de toute sa hauteur du pied à la tête. Toto a trois segments. De toute la longueur de ses bras égale de toute sa hauteur des pieds à la tête. C'est la même longueur, Toto ne voit qu'une longueur de toute sa hauteur à bout de bras. Toto voit deux segments identiques. Toto ne voit pas plus loin que le bout de ses deux bras, Toto est un très court trajet. Toto est arrêté. Dose vrai. Toto prend tout ce qu'il voit pour de vrai. Toto a la distance à bout de bras. Camion distance Toto. Camion prend de la dose fausse. Camion dit en vrai que Toto porte à faux sur la distance pour un pinson. Toto le prend. Pardon passe. Un douanier sifflote. Un pont enjambe. Camion prend un repas. Toto attend. Sambon prend la nuit. Toto attend le jour. Anode est déjà en train de boire, auto n'est pas en retard. Auto échange avec anode, auto prend le dessus sur anode, auto mange anode. La nuit mise au point. Toto prend la nuit pour un frais. La nuit prend Toto pour un con. Le camion freine. Un con passe pour une nuit. Toto met au point un passage. Camion où pissait le grillage. Trois autoroutes grillagées. Le pont qui pèse. Toto met au point un passage dans le grillage au point où on ne sait plus où. Toto inventa un point de passage. Le camion freine et accélère mais anode ne le regarde pas. Robot joue. Tout le monde mange et boit plus ceux qui sont aux toilettes. Toto met un passage au point à travers le grillage pour un pied. N'importe où. Toto met au point un point où n'importe qui peut passer un pied. Robot boit. Banque à la pompe. Robot et banque à la pompe. Camion se gare. Il freine et il réaccélère. La tête de camion grince quand camion réaccélère. Toto au comptoir du bar attendant ayant attendu pour camion ou dépeint. Que camion ou dépeint rentre dans la station. Banque rentre. Banque s'assoit au bar à la table. Tout le monde joue. Diversion. Toto rencontre robot au bar de patron dans la station-service. Toto prend quoi, Toto prend l'autoroute. Borot rentre dans le restaurant, y mange tout et ressort. Il ressort encore. Robot mange à ras bord dans le restaurant. Le restaurant est ouvert. Roulis regarde une femme beaucoup maquillée et bien habillée qui passe pour payer le carburant. Patron a tout vu. Roulis forme une famille et a une fenêtre. Qui dort dans le camion? Camion pose son verre sur le plat de la table. Il a plusieurs verres de bière sales. Rotor demande à roulis s'il est son ami. Il cherche un ami à lui. Rotor l'a roulé, rotor roule tout le monde. En jouant et en ne jouant pas. Rotor dit ce n'est pas moi qui ai tué tué. Toto sait tester. Toto sait doser son testeur. Toto est le juste milieu de doseur dans son secteur.

Toto a 5 segments, Toto va tout droit. Où va Toto, Toto va tout droit. Roulis a donné une grande claque à rotor. Toto n'a rien vu, Toto est de dos. Il ne sait pas ce qui se trouve dans son dos, il n'a jamais cherché à savoir ce qui se tramait dans son dos. Le dos de Toto trame. Regarder Toto suffit pour voir qu'il est un doseur, le regarder et on est mieux dosé, seulement en le regardant. C'est contagieux. C'est un buveur de bière. Camion l'est, Dépeint l'est, Garot l'est, Robot l'est. Tout le monde parle pendant ce temps. Toto pendant ce temps fait du dosage. Toto dure tant que dure son dosage. Toto dure indéfiniment dans le ciel. Les forces et les méthodes sont les mêmes. Garrot sourit, est souriant. Il sourit pour plateau, placard, poser en face, cimenter, prendre un verre et une fourchette. Garrot sourit journelle-ment. On est à deux doigts de revoir Toto ressortir. Toto sait ce qu'il fait. Toto sait présenter une possibilité quand il ajuste une bonne dose. Il est toujours dans le possible avec la méthode. Il réunit tous les bras. Il demande franchement à dépeint de le voir partir avec lui, il se verrait bien partir ensemble. Patron remet les mains à la pâte et rerange tout. Tout le monde a mangé à ras bord. Patron n'a plus qu'à tout nettoyer. Auto à nouveau mange anode. Dépeint redit qu'il pisse, dépeint redit qu'il tourne le dos. Camion a les fesses blanches. On est à deux doigts au-dessus de la table. Tout tombe d'un coup. Toto tombe pile. Toto sait doser. Toto en vacances. Toto vers le lieu de son stage. Toto droit comme un i. Est sur l'aire qui fait le bruit des grandes tra-jectoires qui passent toujours dans le même sens au même endroit. Est tout ce qu'il y a. Qu'est-ce qu'il y a ? Il y a Toto qui est sur l'aire. Et ami qui s'est fait tuer. Seul un ami tue un ami. Dépeint Banque rentreront payer pour le carburant pris à la pompe. Robot reste à la pompe. Rentreront payer le carburant pris à la pompe dans le restaurant. Toto demande combien, Banque demande à boire, Camion demande Pardon. Dépeint demande combien. Patron dit à camion ne pas avoir vu pardon cette nuit. Cette nuit est dosée juste. Toto demande à combien de nuits. Colorions. Abordons. Toto aborde camion pour la première fois de sa vie. Le patron aborde Toto. Camion aborde dépeint. Dépeint aborde banque. Robot, Banque, Dépeint et Anode font diversion. Toto ne répond pas à patron, Toto est sûr de son coup. Le coup sûr est sur Toto. Toto regarde en l'air pour voir le coup doseur tomber. Toto respire à tous les coups. Il sait doser le coup de boire de l'air d'un trait. Toto est d'un trait. Camion prend une bière, robot prend deux bières, banque prend trois bières, anode ne prend rien. Toto prend une bière de bière. Patron dit à camion qu'il est débarrassé de sambon. Toto buvant une bière avec patron, camion et sambon. Sambon prend son camion et s'en va. Un camion, une bière, une aire, une pompe. Robot pompe à la pompe un carburant pour remplir un réservoir de camion. Payant. Dépeint fait le plein en pompant jusqu'à ce que le réservoir soit plein. Le camion fait le trajet de la pompe à l'endroit pour laisser le camion là où il est pendant aller dépeint en laissant le camion seul. Son camion est seul avec les autres camions seuls. Camion se gare. Pompe se gare. Pardon se gare. Payé est garé. Camion, Patron, Auto, Payé font diversion en buvant une bière. Patron ramène les bières. Là, payé boit. La tension fluide joue le jeu et fait la jonction entre les pylônes. Pourri sert une bière. Patron connaît pourri. Sambon connaît pourri. Pourri sert, fait serveur. Toto n'a rien vu et n'a rien entendu. Toto jure qu'il ne peut pas aller plus vite qu'il est exactement à la même vitesse, et que tous ne veulent pas aller ni plus vite ni plus lentement que tout s'est installé à la même vitesse, Toto a dû doser toutes les vitesses. Toto dit nous sommes bien comme ça. Tout est ralenti. Régression. Toto ne sait pas qui a pris parti. Toto est parti. Toto est déjà loin quand la scène éclate. A tout mangé le plateau au café. Il a pu s'en tirer. Toto paraît étonné de s'en tirer à si bon compte. Car Toto avait vu juste en dosant. Deux douaniers passent en sacoche sur le pont de l'autoroute. Pas un camion ne bouge. Les autos sont mobiles. Les autos passent à l'heure. Il est l'heure. Toto ne bouge pas, attend camion en buvant une demi-bière de bière. Dépeint laisse son camion entre la pompe et là où laisser tout en place pour aller au restaurant. Il entre dans le restaurant en laissant son camion là. Toto aborde dépeint. Toto demande à dépeint de le prendre. Dépeint va directement aux toilettes. Robot s'en coule un derrière le col de la chemise. Dépeint et robot ont une chemise avec le pantalon. Toto a débordé dépeint. Dépeint a laissé son camion là en allant aux W.-C. dans l'entrée du restaurant. Pardon garé dort. Des dos de camion, de patron, de robot, d'anode. Camion attend avant de reboire une bière. Camion attend une bière. Dépeint va revenir. Camion ne demande pas, Toto ne demande pas. Patron ne demande pas. La direction est celle où va toute la station. Par l'unique passage à travers l'aire dans la même direction. Toute la station et tout ce qui est à côté de la station et tous les cons vont dans la même direction. Toto est la dose juste. Toto en arrêt. Toto va juste se mettre au bon endroit. Toto est au bon endroit. Il peut doser maintenant, maintenant il dose. Il entend tous les endroits qui bougent. Quand camion et dépeint se mettront dans la direction l'autoroute partiront de la station dans l'autoroute quitteront l'aire. Quand les camions auront été garés repartiront repartiront dans la nuit ou à la levée du jour. Toto attend monter dans un camion, le camion qui appartient à dépeint. Toto dit pas. Camion dit rien. Dépeint pisse. Ceux qui ne conduisent pas sont au restaurant, ou sont dans l'entrée du restaurant, pardon dort dans le dos dans son camion. Camion répond pas. Pas de réponse est la bonne réponse. Toto attend juste. Toto regarde dépeint pisser. Toto ne voit pas camion ne pas répondre. Camion veut boire. Dépeint veut pisser. Camion boit une bière. Patron dit que sambon est con. Banque dit que patron est con. Camion dit que sambon est con et débarrassé. Patron débarrasse. Camion est à la bourre comme toujours. Toto n'est pas pressé de partir. Toto attend une dose de nuit. Toto attend une merveille de camion bien huilé. Avec des feux. Dépeint fait clignoter son camion. Camion fait grincer la tête de son camion. Banque est reparti en voiture. Auto rentre au garage ainsi qu'anode. Toto mis au point un releveur de doses dosées mais uniques de doses. Toto inventeur du dosage universel. Toto et les doses uniques. Camion dose, patron dose, la pompe dose, le prix a dosé. Toto, à partir de la première dose récalcitrante a mis au point ladite nouvelle dose. La nouvelle dose est donnée comme deuxième dose. Et tout se passe mieux. La deuxième dose résout la première dose. Toto mesure la distance parcourue entre deux doses. Toto donne une dose unique. Inventeur de la mesure de la donne une. Toto a trois autoroutes. Toto a une seule direction. Tout va dans l'unique direction. Les ponts ne sont pas pontés. L'aire est dirigée. Toto sous-entend tout depuis sous le pont de l'aire. Une distance de Toto du bout de l'aire à l'autre bout du grillage de clôture de l'aire. La clôture de grillage. Toto ne mettra pas des heures à finir la distance. Le trajet comme tout est court est arrêté. Toto ne va pas à l'autre bout. L'autre bout est normalement là. Toto préfère revenir à la station. La nuit est dosée pour juste une dose. Toto gagne à tous les coups Toto gagne respire un bon coup. A assez de muscles de cuisses, des cuisses musclées, des muscles des cuisses pour pouvoir contenir les mauvais coups du sort et s'enfuir en courant, s'il le faut debout, Toto peut s'enfuir en courant immédiatement. Toto ne court pas, Toto ne prend pas la fuite. Toto fait front. Ah oui. Toto n'a pas de trou au milieu du front. Le front de Toto a résisté jusque-là à toutes les balles. Le front de Toto est une pare-balle. Le milieu du front de Toto résiste à toutes les balles. Toto a un front qui a résisté et qui résiste à tous les trous de milieu de front. Toto sait se servir de son front pour arrêter toutes les balles à trous. Pas de trou dans le front de Toto. Toto reste un morceau de trait. Ne prend pas le grand large pour tenir tout le trajet fait et le trajet à faire. Toto est arrêté pile. Toto s'est arrêté dans cette station. Il est dans la station. Il n'y a pas qu'une aire pour s'arrêter. Toto va toujours tout droit. Il ne recule pas car il sait marcher tout en étant debout, marche debout, dose tous ses pas pour marcher debout. Marcher debout. Dépeint tient son engin de pisse pour pisser. Toto ne sait pas que faire de son engin de pipi dur. Toto le range comme il peut à l'intérieur de son pantalon. Il n'est pas si long. Il est d'un trait. Toto est d'un seul coup et d'un seul bloc et d'un seul trait. Toto a cinq segments uniquement. Il ne perd pas son pantalon. Camion perd son pantalon. Au restaurant, ils mangent tous à ras bord. Toto n'a pas payé, ne paye pas de mine. Attend dessous le dix-huit roues, attend et compte les roues, en passant devant comptant Toto cependant n'a pas payé. Toto ne fait pas le décompte en partant. Toto se tire est un trait court. Toto tend pas. Toto ne tend pas les mains. Il est de toute sa hauteur d'un trait. Maintenant, il prend part. Toto doit prendre en charge. Toto se prend en charge. Toto n'est pas une charge pour rotor. Il se présente déjà chargé, Toto est chargé. Il se présente devant dépeint pour partir avec dépeint si dépeint veut. Il n'a pas répondu, il ne répond pas plus que toute la hauteur droite de Toto. Ne se tend pas, présente. Toto présente avec sa dose, Toto est chargé dosé. N'attend pas pour rien. Comme Toto est là il se trouve dans la station debout. Étant là il stationne. Les camions stationnent, patron stationne, robot stationne. Ce n'est pas Toto qui a été tué. On connaît le nom de celui qui a été tué. Ce n'est pas Toto. C'est. On ne connaît pas le nom de celui qui l'a tué, a tiré un trait sur plus d'une vie, une longue vie en hauteur dans la cabine du camion. C'est un ami de Toto qui tuerait Toto. Toto a quatre amis accoudés. Le nom des quatre amis. La présentation des quatre amis devant la question. La question reste debout. Un ami est un soutien, te tue parce que tu es un soutien pour ton ami. Toto se soutient. Toto ne s'est pas tué. Il a été soutenu, le comptoir est soutenu, le patron se soutient et le transport est soutenu. Ton ami est celui qui va te tuer. Toto regarde dépeint.

Dépeint est l'ami de Toto. L'ami de tué est plusieurs patro-
nymes. Tué a quatre amis et quatre amis de chacun de ses
amis. Soit 20 amis. Robot rencontre chaque fois chacun un.
Dépeint n'est pas contre, aucun n'est contre. Tous se ral-
lient. C'est le ralliement général autour de tué. Anode dit à
patron un pend par la fenêtre. Tous roulent. Le camion est
resté ouvert stationné ouvert à tous les vents. S'est rempli de
beaucoup de transport. Tous sont en transport. Les trans-
porteurs collèrent progressivement beaucoup de transport
un par un. Toto le rempli, le remplisseur, doit tout remplir.
Conducteur, dépeint est le conducteur, camion est le
conducteur. Le conducteur a les clés de la porte de la
cabine de la tête qui bouge des camions. Toto ne porte pas
malheur, porte malheur de dire à la prochaine fois, Toto est
un porte-bonheur. Parce qu'il porte bonheur. Porte attention à l'entrée, reste à côté de l'entrée, se mire dans l'entrée.
Toto a les deux fesses blanches, deux ronds de cuisses très
blancs, a un fessier. Camion aussi a un gros fessier. Toto a
baissé son pantalon. Dans l'ensemble, dans l'aire, un seul
portera malheur, le porte-malheur. Tous affirment ne pas
porter malheur. Dépeint a cinq porte-bonheur qui pendent
attachés. Patron en a vu un pendouiller. Depuis le mécanisme de succion qui fait une grosse prise d'air à l'écrasement hermétique d'air. Les pneus sont nombreux. Porte
attention à l'entrée, au plan de la station, à l'état de l'aire où
quand rotor tourne son camion. Il le fait tourner. Le plan
de la station dans la tête. Toto a la tête grande comme toute
sa hauteur et toute l'amplitude de ses deux bras étirés écar-
telés, c'est ce qui pense. Les formes des aires, les directions
des voies, les formes des allées, les chemin pour aller jus-

qu'au camion et faire tourner le camion. Le camion tourne parce qu'il a juste la place. Toute la station ce qu'elle est. Il est inutile de sortir de l'autoroute. Celui qui a tué est un ami de tué. Rotor ne se moque pas de Toto ne se moquera pas. Ce n'est pas porter atteinte. Ce n'est pas porter atteinte à Toto que de ne pas lui répondre que de se taire. Dépeint se tait, rotor se tait, robot se tait. Ce n'est pas peine perdue. Toto ne perd pas la tension et son dosage. Toto est juste venu dosé. Ne pas parler à Toto n'est pas porter atteinte à l'honneur de Toto d'un seul trait. Toto dit est-ce que je peux aller au nord avec vous toi. Je vais en direction. Porte camion, porte vitre, porte sécurité. Porte ami s'approche dans l'affaire de plus en plus de la trahison. Je ne trahis rien, je ne trahis pas d'être dans l'ami. Je n'ai pas trahi de le tuer. Tuer. Tu as tué? S'est baissé. Ramasse ce qu'il avait besoin de ramasser. Porte ami est bien le seul à ramasser ses affaires. Rotor n'est pas le frère de Toto ni toute sa famille. Dépeint est un vié. Est un vié pour Toto. Toto devrait prendre le vié de dépeint. Une manette, un volant, un frein, un tableau de bord, un rouleau, un porte-camion, un pose-pneu, un écarte-pneu, une pancarte, une enseigne, un gri-gri, un drapeau, un débourrage, un bourrage. Toto décide de monter sans rupture. Une seule couche de tous les vête-ments du monde, une seule couche. Toto ne rupte pas, pas de rupture dans les traits de Toto. Occupe-toi de toi on est pareil. On est pas pareil. Toto a besoin d'un ami, d'un por-teur, d'un transporteur. On a tous ses besoins. Dépeint est à la pompe, dépeint fait pipi, camion mange à ras bord, il avale tout. Il n'a besoin de personne pour tout avaler, ce qu'il fait. Il n'y a pas plusieurs dosages. C'est un par un par un. C'est le principal. Toto a de la chance d'être Toto. Sait qu'il l'a. Il ne se met qu'avec toutes les chances de son côté. Il est sûr de regagner l'endroit. À la hauteur de l'honneur de Toto. Toto n'est pas trop haut. Toto à la mer. Toto au ciel. La chance que Toto a de voir la grandeur du ciel. Dans la montée, le camion gravit et voit le ciel en grand, il dort à moitié alors qu'il monte dans le ciel. Toto pense je ne vois pas où je monterais si ce n'est dans la hauteur du ciel. Je ne vois pas vers quoi je me dresse si ce n'est dans le ciel qui est le plus vaste. Toto est debout. Les événements sont monumentaux. Vont bien avec un ciel aussi vaste que ça. Le ciel fait celui qui va s'échapper mais Toto ne s'y laisse pas prendre. Il ne part pas avec le ciel qui glisse lentement avec son poids sur la droite. Toto a sous les bras de ce que ça gicle, il a des gicleurs, ça a tendance à gicler. Il joue des bras, grâce à ses gicleurs sous les bras, il déjoue tous les pièges. Il ne défait pas ses bras. Il a les bras raccourcis. Il prend dans ses bras ce qui est dans ses bras. Charge ses bras. Toto est une prise en charge qui charge. Il se charge il est celui qui sait se charger des doses à donner et à avaler. Il l'avale. Toto appuie sa tête dure sur sa seule chance. Et c'est sa seule assurance. Il ne sait pas quelle tête il a. Il se mire dans la porte d'entrée. Il sait la tête qu'il a, il l'a déjà vue. Il sait quel pantalon il a. Il a vu le pantalon qu'il avait.

Textes

Je peux me parler, j'ai le droit de me parler, ce n'est pas interdit, je ne me parle pas mais j'en ai le droit, il n'est pas interdit
de se parler, je pourrais me raconter des milliers d'histoires, je
peux m'échanger quelques sentiments, je pourrais me faire
plaisir en me parlant, j'ai le droit de me parler, je peux me parler, en faisant plusieurs personnes qui se répondent si elles en
ont envie, je pourrais faire des paroles qui passent, qui font
plusieurs personnes pour faire des paroles qu'elles s'adres-
sent, cela ferait des paroles qui passent, je me parlerais, je peux
me parler, cela n'a rien d'interdit, ce n'est pas impossible,
juste pour me parler, pour faire que je me parle, ainsi je me
parlerais, c'est une façon d'entendre des paroles, cela ferait
plusieurs paroles, les paroles entraînant d'autres paroles, en y
répondant à nouveau, je m'échangerais des sentiments. Il
n'est pas interdit de se parler. Je ne me parle pas mais il n'est
pas interdit de se parler. C'est possible, je pourrais me parler.
Je commencerais à me parler. Je peux me parler en silence, je
me dirais quelque chose. Je me dirais que ce n'est pas ainsi
qu'il faut se parler, qu'il y a d'autres façons plus aimables ou
plus directes de se parler et qu'il n'est pas interdit de se parler et, qu'étant donné que cela n'a rien d'interdit, je me dirais
que je peux me parler tranquillement. Je peux me parler, je ne
le fais pas mais je sais qu'il est possible de parler simplement
à soi. Il y a la place de parler en se racontant un peu ce que
l'on a envie d'avoir une voix qui parle, donne un peu de courage. À l'intérieur cela ferait une voix intérieure. Je peux me
parler sans prononcer un mot. Les paroles réchauffent. J'ai le
droit de me parler. Je ne me parle pas, mais il est possible de

se parler. Je me parlerais sans manières. Je peux me parler tranquillement. Je n'ai pas besoin de me parler à haute voix ni de soutenir mon attention. Je comprendrais, je n'aurais pas besoin de crier, cela passerait sans mal, j'ai le droit de me parler intérieurement.

Tu vois, dire la vérité, c'est le poème. Tu vois de dire la vérité, le problème que ça pose. La contrainte qui se fixe quand on se dit je vais dire la vérité. Il ne faut pas que ça t'enlève les trois quarts du caisson et pourtant tu dis dire la vérité. On voit bien que pour la dire il est obligé de garder les pieds sur la plus grosse partie du caisson, d'y rester attaché quand la plus grosse partie du caisson s'enlève. Le poème ne veut pas dire la vérité du monde mais il veut dire la vérité, je ne vois pas si la différence est compréhensible, si tu l'entends. C'est une grosse contrainte que de ne pas dire ce qu'on peut sentir n'importe comment. Tu vois le genre de désagréments que ça apporte de n'avoir qu'à la dire. Je veux dire personnellement, tout de suite, par écrit. Par exemple, si tu es con, toute la connerie qui se met à la place de la vérité qui devait s'y mettre. Alors, tout le vrai, puisque tu dis que tu dis vrai, passe dans le ce que tu dis juste à l'endroit où tu mets tes pieds. Je ne sais pas si c'est compréhensible que l'endroit vrai où tu es va disparaître si tu dis vrai. Ou alors, plutôt, tu préfères raconter des histoires. Tu vois le genre de problème que ça pose personnellement. Par exemple, au moment de la vouloir dire, tu préfères tout de suite chatouiller parce que la dire se dit tout de suite et que, tant à rigoler, qu'au moins, autant que les chatouilles soient là. De la dire, pas de le savoir, on le sait bien, ça paraît aussi simple que de la dire mais ça te fait sauter le caisson parce que ça va t'enlever l'endroit vrai où tu avais posé tes pieds puisque c'est exactement ce que tu viens de dire. Tu vois, si tu poses dès le début, je vais dire la vérité et pas n'importe quoi, tu vois bien qu'il va falloir trouver la façon très particulière où elle se retrouvera bien incapable d'en sortir parce qu'elle aura été bien dite d'une manière ou d'une autre. C'est une contrainte dont on ne peut pas se débarrasser. Si je suis là à dire la vérité, tu vois les problèmes que ça crée. Parce que c'est en parole que ça se fait et que c'est précisément avec rien d'autre. Il n'y a pas à trouver la vérité, c'est plein de parole. La révolution que ça fait. C'est comme l'honneur comme la vérité est l'honneur de l'homme. C'est la révolution.

Je suis un poète français. Je travaille pour la France. Je travaille à la France. J'écris en français. Je serai un poète de la France. J'écris en langue française. La langue française est le peuple français. Il n'y a pas de peuple de France sans la langue de France. La langue de la France n'existe qu'à travers ses poètes, la langue est une langue quand elle est une langue vivante, le poète vivifie la langue, rend la langue vivante, elle est vivante, elle est belle. Le peuple français se définit d'abord par le peuple qui parle français. Le peuple français parle français grâce à ses poètes qui vivifient sa langue. Le poète sauve la langue, sauve le peuple, sauve la France. Le poète qui sera reconnu patrimoine national de la nation, je suis français, j'appartiens au patrimoine national de la France. Je suis un poète de la France.

Il y a un lien entre moi, le poète français et le soldat de la France. Je suis un soldat de la France. Le soldat de la défense nationale protège le territoire français, le territoire français est le seul lieu au monde où l'on parle français. Le soldat, tous les soldats, toute la défense nationale, résiste aux ennemis qui veulent faire disparaître le seul territoire où l'on parle français, le territoire de la langue française, le territoire de la langue, la langue. L'effort de la défense nationale avec ses soldats et ses armes pour qu'il existe encore dans le prochain siècle un pays sauvé de ses ennemis derrière le rempart de sa défense, un pays qui est français parce qu'il parle le français, un pays qui ne peut exister que par la force de ses armes de défense. Je suis lié au soldat pour toujours.

Il ne faut pas se leurrer. Le poète français que je suis n'existe que par l'existence du pays qui parle français, qui ne tient son existence qu'à la vigueur de ses soldats. Je ne voudrais pas être un poète de ces peuples qui ont perdu le pouvoir de leur langue en perdant les armes de leur pays. Il ne faut pas se leurrer, il sera juste que la France fasse de moi un poète français, je suis un poète qui défend la langue française contre sa dégénérescence, je suis un poète qui sauve sa langue en travaillant sa langue, en la faisant travailler, en la faisant vivre, en la faisant bouger. Qui, à l'intérieur de ce cercle sacré, où l'on parle encore la langue française, peut faire vivre le cœur de ce qui définit le peuple français, sa langue, sa langue encore vivante.

Nous soufflons en une seule fois, nous soufflons ostentatoirement, nous ne soufflons pas clandestinement, en suppositions, en sachant, en ayant des antennes, en ayant des idées, en ayant conscience, en toute conscience, en croyant, en ayant une idée de la situation, en supposant, le plus vite possible, le plus discrètement possible, en se cachant, en se dissimulant, dans l'urgence, sans arrêt, sans supposer, sans tenir, sans vivre, sans reprendre son souffle, sans mourir, sans rire, en se mettant des idées dans la tête, en se faisant des idées, en se faisant de l'imagination, ou des faits plausibles ou des faits faisables ou de l'herbe, plein d'herbes, de l'herbe à vache, de l'herbe à cheval, de l'herbe verte, en se faisant des idées, en supposant, en se permettant de se faire quelques illusions, quelques avancées, quelques c'est devant un peu plus loin, des idées d'herbe, des idées de paille, en ne soufflant qu'une seule fois.

Le tuba est tube au début. Il est long tube en débutant et il se courbe à la bouche. Il est tube de la bouche, le tuba. Au début et il s'étale dans la bouche en s'enclenchant dans les dents s'étale dans les joues. Le tuba est tube accroché à l'homme à la bouche. Est tube de plastique. Le tube long sort de la bouche. Il est le tuba au début. Le tuba est tube long de la bouche. Et il part le long du tube. Le tuba est le prolongement de l'âme.

Sonne sur tous les tons de sonnerie sur son passage sur les différents tons des sonneries à son passage les sonneries différentes sonnent en même temps à son passage toutes les sonneries ont des tons différents qui se trouvent sur son passage se mettent à sonner en même temps les différentes sonneries sonnent en passant d'un ton à l'autre toutes en même temps sonnent à son pas-

sage passent par les différents
tons des sonneries qui sonnent
toutes en même temps.

Le premier obstacle est un pot de terre posé. Le pot de terre
est creux. Il monte plein. Il est rempli d'une ombre noire et
fraîche. Il est couvert de surfaces claires rondes. Il s'ouvre.
Un pot rond s'ouvre sur un pot au fond creux. Les surfaces
sèches d'un pot rugueux de sa surface de terre sèche collée
posées au soleil. Il est rempli jusqu'au bord. Un pot plein
monte en rond jusqu'au bord, au bord, il s'ouvre sur un pot
d'ombre noire et fraîche. Il est enveloppé d'une couche de
pot de terre sèche. Un pot entièrement recouvert de surfaces qui monte jusqu'à l'entrée du bord, qui du bord coule
jusqu'à le recouvrir entièrement d'un pot d'ombre. Le pot
s'ouvre en plein. Le bord de l'ouverture d'un pot creux
coule au fond d'un pot sombre frais. Le fond du pot monte
au pourtour. Les surfaces des pourtours des rondeurs des
couleurs des terres des bords des creux d'un pot de terre.
Un pot de terre a un trou noir qui donne sur un fond sec de
pot rond. Le trou rond donne sur un fond frais fondant
montant aux flancs sans échappatoire. Le premier obstacle
est un pot de terre posé à une ouverture. L'ouverture du pot
donne sur un fond sec rempli d'une ombre noire et fraîche.
Le fond noir donne sur un rond de ciel. Du haut du bord
du pot. Une ouverture en hauteur. Un pot enfermé au fond
monte des coulées de bords de tous côtés. Le pot renferme
un pot d'ombre noire. Le pot posé renferme une ouverture.
L'ouverture est au-dessus du pot vide posé dehors au soleil.

Le premier obstacle est un pot posé sur la table. Un pot seul à sec en plein soleil vidé rempli de surfaces. Une ombre noire et fraîche se ballade sous les bords ventrus des côtés des fonds qui renferment. Un pot a ses côtés. Ils sont le pourtour. Le premier obstacle est un vieux pot, un pot dehors sur la table au soleil, un pot de terre, à un côté, qui descend en pente douce.

Si je cousais cela produirait une inadéquation. Je couds, cela ne va pas, avec mes gros doigts. L'aiguille à coudre est fine, en cousant je produirais une altération. Je ne coudrais pas proprement, n'ayant pas de doigts de fée. Si je couds, cela produirait une sorte de décalage. Et j'aurais cousu de travers. Je n'ai pas de doigts de fée. Ai-je jamais cousu, je ne m'en souviens pas. Que je couse, de la main droite ou de la main gauche, sans respirer ou en respirant, avec ou sans concentration, cela n'en restera pas moins une incongruité que je couse avec mes gros doigts qui ne sauraient coudre droit. Et puis j'aurai mal cousu.

Un baiser. Ils s'embrassent. Il prend sa bouche dans sa bouche, elle prend sa bouche dans sa bouche, ils s'embrassent. Il ouvre ses lèvres à sa bouche, à sa langue, elle ouvre ses lèvres à ses lèvres, à sa bouche, à sa langue, elle tourne sa langue dans sa bouche, il tourne sa langue dans sa bouche, il découvre son baiser, elle découvre la sensation de son baiser, sa langue douce dans sa bouche, sa langue douce contre sa langue, il enveloppe sa langue dans sa langue, il la mélange, elle tourne sa langue contre sa langue, ils s'embrassent, elle la mélange, ils se mélangent, elle donne sa bouche à sa bouche, il donne sa bouche à sa bouche, ils se donnent un baiser, elle lui donne un baiser et sa langue, il caresse sa langue dans sa bouche, elle caresse sa langue dans sa bouche, elle le laisse entrer, il la laisse entrer, ils s'aiment, sa langue est dans sa bouche, elle met sa langue dans sa bouche, ses lèvres sont collées contre ses lèvres, elle caresse sa langue contre sa langue qui tourne dans sa bouche contre sa langue, caresse sa langue contre sa langue chaude et donnée, il met sa langue dans sa bouche, il s'aiment, ils s'embrassent.

Le Nez

Pouvais-je te demander de bien vouloir te déplacer de quelques millimètres, j'aurais aimé, si cela t'était possible que tu te déplaces de quelques centimètres et cela afin que je puisse me libérer entièrement, j'aurais aimé te demander, sans te manquer de respect, et sans paraître insistant, que tu te déplaces très légèrement en avant pour que je puisse m'en aller et que nous n'en parlions plus, je croyais qu'il aurait été préférable pour nous deux que nous nous séparions, si tu le voulais bien, il aurait suffi pour cela que tu veuilles bien te mouvoir d'un rien, de quelques millimètres, ainsi tout aurait été fini, je ne t'aurais plus demandé alors de te déplacer, car seuls quelques millimètres auraient suffi pour que tu lâches mon pied coincé et aussi ma tête tout aussi bloquée, si tu pouvais le voir, pouvais-tu le voir, j'aurais seulement voulu te demander de te pousser de quelques centimètres, si ce n'était pas trop te demander, j'aurais fait un effort, je te l'aurais demandé en articulant distinctement chacun des mots de ma demande, n'entends pas une colère, tu ne pouvais pas dire que ce n'était pas audible ou que les phrases s'enfouissaient dans un énervement étouffé, c'était avec contrôle et distinctement que je te demandais de bien vouloir te pousser, entends, ce n'était pas le cri d'une bête porcine, entends, ce n'était pas le hurlement d'une épouvantée, je te demandais avec le plus grand calme, en articulant posément chaque son de chaque syllabe de chaque mot que comporte une demande d'une grande simplicité que tu pouvais comprendre comme étant une simple demande parfaitement audible et neutre, je ne délirais pas, ce n'était pas un ordre, ce n'était pas un cri, j'épelais, c'est moi qui te parlais, et qui te demandais, pour moi, de te déplacer, si cela t'était possible, de quelques millimètres et je n'avais pas honte de te le demander de façon polie, je pensais avoir conscience d'un certain nombre de choses, en plus des choses faites et des choses établies, je ne remets pas en cause leur établissement et les installations, mais en plus, je ne les mets pas en doute, mais de là où je te parle, que je ne mets pas en doute, qui n'est pas un plus mauvais endroit qu'un autre, en plus de ce qui, c'est bien ainsi, est bien connu de vous comme de moi, que je ne voudrais changer, je ne les mets pas en cause, je dis en plus de ces choses, je peux me retourner, voir ce qu'il y a derrière moi en me retournant, j'ai la possibilité de me retourner, non de regarder le ciel, non de regarder le lever du soleil pour qu'il me donne le courage de repartir, toi tu ne le voyais pas, mais je clignais des paupières, des minuscules muscles de mon visage, pendant que je te regardais et que je me taisais, tu croyais que j'étais un corps mort, pendant que je me métamorphosais, que je me riais de toi en te faisant des grimaces en clignant des muscles minuscules, les épaules et le cou et la bouche et le front et les paupières, c'étaient autant de grimaces de maudissages que je t'envoyais, tu ne savais pas le nombre de malédictions et de moqueries qui pleuvaient ainsi sur toi en autant de signes que je me représentais très bien, c'est moi qui les faisais, que j'éparpillais parmi tous les minuscules muscles des deux côtés de mon cou et du front et des épaules et des yeux, tu ne pouvais pas suivre ça allait trop vite de façon si minime, et si subtile et si rythmée que tu n'y voyais goutte pendant tout le temps où pourtant je me concentrais sur les clignements de mes paupières et les déplacements des différentes gelées et des nombreux cartilages qui me faisaient rire, qui me faisaient jouer, qui me faisaient dessiner une flopée de crachements maudits, c'étaient des malédictions envoyées à ton ignorance et à ta grande bêtise, parmi toutes les possibilités qui se présentaient à moi, elles étaient nombreuses, de faire défiler le langage intérieur des petits muscles crispés d'un quart de seconde, chacun en rythme, d'un côté et de l'autre en te perdant, en changeant de rythme, en expérimentant de nouvelles formules magiques secrètes chorégraphies, je n'étouffais pas, où étoufferais-je, j'avais moi, où s'ouvraient les issues des vacuités, je n'en manquais pas, je n'en manquais pas de ces sortes de portes ouvertes sur des conduits, comment pourrais-je étouffer, il y avait moi, j'en voyais des possibilités à partir de là, pour trouver après, après la fin d'une opération, la faculté d'opérer sur l'opération, il suffirait d'ouvrir la porte de la porte, le virage dans le virage, s'il fallait, une vacuole de vacuole, l'ouvrir encore, ce n'est pas une question de taille quand il y a ouverte la possibilité de refaire l'opération sur l'opération, entre une ligne et une autre, à l'intérieur même de ce qui avait pris le mouvement et qui allait en un ensemble se prendre dans l'allant, l'opération peut changer le droit de ce que je, tu pouvais rester là et ne pas bouger pour le moins du monde, je ne meurs pas, je trouve tout ce qu'il faut dans ma tanière, je trouverais les moyens, même si je dois en passer par modifier certaines habitudes antérieures, pour ouvrir les cavités contre les parois des cavités, inutile qu'elles aillent bien loin, une symbolique cavité à 36 trous suffit à alléger déjà une sensation d'écrasement, tu ne sais pas le monde que j'ai, j'en suis le maître, c'est tellement grand que je n'en ai pas encore vu la fin et que je ne m'y retrouve pas toujours, des conduits, des conduits de conduits, des virages au milieu de ce que j'allais faire, des virages à 90 degrés, ce n'est plus du tout la même chose, le même sentiment, c'est un sentiment opposé, c'est un sentiment nouveau, c'est un sentiment qui, franchement, était un instant plus tôt totalement imprévisible, il arrive soudain, je l'ai trouvé dans matière à m'associer à une humeur, je ris, je pleure, tu ne peux pas comprendre, par exemple, je vais pour pleurer et je ris, et au début du rire, je ne ris que d'une étrange façon, qui en dit long sur le peu de rire, mais cela me fait rire et j'en ris de ça, c'est une histoire, pas une histoire à rallonge, mais à force de passer de l'un à l'autre, en trouvant que le passage ainsi d'un sentiment à un autre, est selon les facultés de passer, de penser, de supporter, de méditer, soit drôle, soit amusant, soit qu'il soit drôle de le rendre apparemment sérieux, soit que je trouve cela sérieux, quoi, de passer d'un sentiment à l'autre, soit que cela est triste et tragique, qu'il s'agit d'une comédie, d'une comédie, l'on rit mais on joue avec sérieux, pour se faire rire, avec sérieux comme si ce n'était pas drôle, ce qui est drôle qui forme par tant de vrais et de faux sentiments, de jeux et ce n'est pas du jeu, c'est que le passage comme ça n'est pas joué, c'est fait, c'est vrai, c'est vain, c'est toute une histoire de rire et de pleurer, tu ne peux pas comprendre, des baffes, tu mérites des baffes, je vais te frapper, je te frapperai, pan, pan, pan, je le prends sur moi, je le dis, je te frapperai, je prends la responsabilité de ce que j'avance, c'est une menace, je te frapperai, je sais que ce que je dis n'est pas banal, je me rends compte des conséquences de ce que je dis, de ce que cela signifie, je suis celui qui est capable de dire qu'il le frapperait, je le frapperai, mais j'ai réfléchi, je me sens capable de supporter toutes les conséquences de la menace, j'en assume tout, je ne dis pas que je vais frapper sûr, ou si je dis je vais frapper, je n'en ai pas donné la date, je commence par prendre la responsabilité de la menace, je dis attention, rien, après ces années de réflexion ne m'empêcherait de frapper, je sais ce que cela représente, je sais que c'est impossible en règle générale, qu'il faudrait être réellement dans un cas extrême pour frapper, j'ai jugé qu'il s'agit d'un cas de ce type, j'assume, je sais parfaitement que je peux me tromper, j'ai d'abord bien réfléchi et ai attendu de voir se modifier mes sentiments avec le temps, tu n'as rien à me dire, on joue à celui qui arrive à survivre, je trouve une myriade de possibilités de continuer à vivre, je les sens crépiter de partout, ils sont là, je ne peux pas les voir tous, ils me surveillent, ils m'attendent, ils sont à l'affût de sauter, je peux, autant que l'ampleur est symphonique, enrouler les dragons, enrouler les fleuves, les grands fleuves, les grandes capitales, les grandes crevasses, les grandes impétuosités, les grands déserts, les grandes armées, je t'attaquerais les armes à la main, je n'attaquerais pas tes pieds, mais ton front en te regardant bien en face, ma force serait de ne pas attendre les signes de ton visage, je ne coudrais pas d'intrigue, je ne formerais pas un rêve depuis tes signes, je prendrais des décisions radicales, de celles que tu ne peux pas comprendre, je métamorphoserais mon visage en boursouflant mes joues, en tirant vers l'avant les amovibles, en tirant sur les côtés les parcelles, sans gonfler les joues, en glissant d'un visage à l'autre, en faisant glisser l'expression d'un visage à l'autre, tu n'y comprendrais rien, je serais déjà dans une autre humeur, tu ne pourrais pas suivre, je savais que tu pouvais faire celui qui dure indéfiniment, cela ne me préoccupais pas comme tu pouvais le croire, tu croyais que j'allais m'inquiéter, tu croyais que j'allais penser ne jamais réussir, je possédais avec moi une telle délicatesse à fleurir en passant, en passant rapidement, que tu ne connaîtrais jamais, tu ne pourrais pas imaginer le sentiment que cela donne de venir fleurir en passant par là un instant, tu n'avais pas la même vision que moi des choses de la vie, mais je savais que te parler ne signifiait rien pour toi et que je ne devrais pas prendre la peine de te parler, pourtant je te parlais et tu ne comprenais pas, tu ne répondras pas, je ne l'entends pas de cette façon, tu ne bouges pas d'un millimètre et je ne pense pas que c'est là ta réponse, que tu as entendu, que tu réponds en ne bougeant pas du tout pour me faire sentir que tu as entendu, que malgré ma demande tu ne bougeras pas, tu as raison de répondre ainsi, c'est ta façon, je serais toi j'aurais répondu de la même manière, tu sais que je n'ai pas la force de te déplacer, si ce n'était l'empêchement physique, je rigolerais de toute ta bêtise à côté de toutes les idées que je t'envoyais, sur ta réalité, il ne comprendrait jamais, je ne le lui aurais pas enfoncé dans le crâne s'il avait un peu de jugeote, j'embrayai plus d'une fois, dans notre longue relation, sur l'intérêt peut-être plus grand de penser, simplement, plutôt que de prendre la peine de lui parler, mais quoi il n'y a pas de résultats, je le prépare, je suis le préparant, c'est en cours, cela sera au point, c'est que je ne perds pas une minute et j'ai des ressources, il croit que c'est lui! mais va plus vite, si tu veux, que mes fulgurances, pardon si je ne fais pas tout ce que tu voudrais, pardon si tu ne t'attendais pas que j'aie tant d'idées de cette sorte, mais dans la portion entièrement dénuée de lois je reste aussi idiot et aussi sublime que je le veux, même à plat ventre, je n'obtempérais pas, c'est moi qui t'avais à l'œil et c'est moi qui te gardais, je peux, par la pensée, découvrir toute chose, c'est peu de dire qu'étant donné ma situation, cela serait un réconfort, car c'est bien plus que cela, je ne me fatiguais pas, je transformais par mon métabolisme sa masse inerte en pensée sans la moindre fatigue, sans consommer la moindre énergie, c'est que cela est naturel et que cela n'est presque pas physique, c'est une énergie infime qui me permet de recréer des petits chemins tortueux dans la montagne qui n'ont pas de fins et toutes choses, il peut faire l'éternel massif, il peut faire l'immobile si ça lui chante, je le métabolise sans le moindre effort, c'est naturel, il ne se rend pas compte, je peux le penser, le transformer, le décrire avec une précision au millimètre du millimètre, là même où la vue est trop faible pour entrer, infiniment plus précis et ponctuel que la vue, c'est ainsi que se porte un regard qui est la pensée même très précise et très concentrée sur son sujet et c'est ainsi que je le fixe des yeux, efficace pour mettre en compréhension ses moindres mouvements, ses imperceptibles mouvements quand il fait comme là celui qui ne bouge pas, je connais déjà tout ce qu'il pourrait faire et tous les déplacements qu'il pourrait faire et toutes ses autres manières de réagir qu'il pourrait réaliser s'il se mettait à bouger, je le regarde d'un regard plein d'injonctions, plein de mon imagination sans limites, qui, il est vrai, ne l'a pas encore fait bouger mais je le pointe du regard, je sais que je ne suis pas obligé de me diriger ainsi de but en blanc avec brutalité dans la direction de la région nommée, je dis dans la direction car je pourrais tout aussi bien pousser tout le lot dans une autre direction d'un seul coup brusque, car je pourrais être brusque, je lui dis ça, que je pourrais très bien être brusque, il est fait de cette sorte, je n'avais pas de doutes déjà, lorsque je lui demandai de se pousser, j'aurais voulu qu'il se poussât, j'étais déjà au courant, il est ainsi il ferait rentrer n'importe quoi sous ce vocable, je savais qu'il voudrait que je pense qu'il se pousserait au moment où cela n'en vaudrait plus la peine, que se serait alors trop tard, mais ce n'était pas ce que je pensais, encore une fois, il ne comprenait pas en quoi mon intelligence me permettait d'y voir plus clair dans ses raisonnements trompeurs, ce ne serait pas l'apoplexie qui me terminerait je rigolai avec le g dur, la moquerie du o et le laisser aller à l'aise du l, et je me dis que j'allais rigoler, va bon train, il m'amusait de plus en plus, j'ai toujours assez de forces quand je m'énerve pour donner un coup du bas, je le pris de vitesse bis en lui mettant entre les pattes des paquets de choses concrètes qu'il connaissait fort bien et qui l'embarrassaient, je savais que si j'allais par là, effectivement, si je tirais par là ce que j'avais de moi en une poussée dans un sens alors je pencherais, j'étais presque sûr de pencher, je te demandais de te pousser car simplement cela suffisait, que j'en aie envie ou que je n'en aie plus envie, mais je ne pouvais tout simplement pas laisser ma tête dans cet état, je savais bien que trottiner dans tous les sens comme j'en avais l'habitude n'a pas de sens, je pouvais très bien, et lorsque cela m'arrangeait et quand je voulais, produire une sorte d'énervement, d'échauffement sportif, de préparation à la course, de tremblement général avant une grande course, qui est ce que j'appelle trottiner, je voyais bien que trottiner ne suffisait pas à libérer ma tête de son état, et c'est un exemple, je prends les exemples où je veux, ce n'est pas parce que je ne te vois pas que je ne t'aime pas, je veux dire ce n'est pas parce que je ne te vois pas que je ne te vois pas venir, je ne te vois pas, ce n'est pas parce que je ne te vois pas que je ne t'associe pas même si je ne t'ai pas vu depuis longtemps, ce n'est pas parce que je ne t'ai jamais vu que nous ne sommes pas associés, j'ai dans l'idée qu'on s'est associé, ce n'est pas parce qu'on ne se voit pas qu'on n'est pas proche, qu'on ne se connaît pas, on se connaît assez pour pouvoir se dire tu, je ne te vois pas simplement parce que je suis mal placé pour te voir, ça ne veut pas dire que je ne sais pas que tu es là mon associé, tu m'associes, si on n'a pas encore pu se voir c'est vrai ça fait longtemps qu'on n'a pas pu se voir que comme associés, ça tient le coup, ce n'est pas parce que je ne te vois pas que ça ne tient pas, je crois que ça se tient, tu me tiens, c'est fait exprès, c'est comme ça, ça ne fera pas de mal, je sais, j'ai l'idée, je ne t'ai pas encore vu, tu m'as vu ? j'ai dans l'idée que tu m'as vu, on est associé comme deux, par deux bouts je te tiens, tu me tiens, alors je vais dire que je t'aime, tu sais, je dis un peu ce que je veux, je dors avec toi, on dort ensemble, le plus sou-vent c'est moi qui dors contre toi, pendant que je m'endors, j'essaye de penser le plus de mal possible de toi, puis j'en pense de moins en moins, de mal, jusqu'à m'endormir, là je tombe sur toi, sans même avoir besoin de venir appuyer ma tête contre toi, puisqu'elle y est déjà, ou parce que tu es déjà venu t'appuyer sur ma tête, on dort ensemble parce qu'on est ensemble, on dort en même temps, il est rare que je t'entende te réveiller pendant la nuit, tu dors bien avec moi, tu es calme comme la nuit, pendant toute la durée de la nuit, je ne t'ai jamais vu te réveiller la nuit, je peux m'endormir sur toi en toute confiance, en général, tu ne te déplaces pas pendant la nuit alors je peux m'endormir car je me sens en sécurité même en sachant que tu appuies douloureusement sur ma tête, tu n'es pas nerveux et agité, je te sais capable d'un peu de calme pendant que je dors, je sais que je peux compter sur toi, tu n'as pas encore fait des tiennes pendant que je dors, tu sais me donner un peu de répit le temps pendant lequel je me permets de me laisser aller contre toi pour pouvoir dormir contre ma volonté sans savoir si tu vas bouger mais j'ai dans l'endormissement un peu confiance que tu n'en profiteras pas, je me doute que tu ne vas pas en profiter parce que je me suis endormi et que je ne vois plus, pour me prendre en traître et venir appuyer ce qu'il ne faudrait pas faire, je savais bien n'est-ce pas, que tu n'allais pas en profiter pour me prendre par derrière à la déloyale, je t'avais sur le front si tu voulais m'écraser je ne croyais pas que tu utiliserais la nuit pour en profiter, je resterais contre toi-même, si je me doutais que tu ne ferais rien de la nuit, je savais pouvoir avoir confiance en toi en m'appuyant de tout mon poids, on s'aime, mais ne crois pas que j'utilise ta confiance pour en profiter pour dormir, je ne le décide pas et je n'en ai pas conscience, ne crois pas ce genre de choses, je ne t'utilise pas, c'est seulement le répit que je me donne pour me reposer que je me permets pour me ressourcer sans avoir à m'inquiéter outre mesure et ne pas me parler pendant une bonne partie de la nuit comme je le faisais avant de mieux te connaître, comme je le croyais avant pendant les premières nuits où je me voyais en train de m'endormir dans un état maudit que je maudissais dont je ne voulais plus ni près de moi ni loin de moi, que je ne voulais surtout pas laisser autour de moi en m'endormant dessus comme je l'aurais aimé, pauvre con, enfermé dans ta monstrueuse bêtise qui est en train de t'étouffer, tu te permets de m'ensevelir, quand nous sommes simplement incomparables, tu ne saurais servir au centième du millième de ma progéniture, tu ne servirais qu'à s'appuyer au cas où quelqu'un passerait, tu ferais table, je te déteste, je te hais de croire que tu peux me tuer alors que tu ne sais pas que nous ne sommes pas comparables, pauvre con, je te dis de te mouvoir, ça s'appelle se laisser pousser ou se laisser tomber, tu vas droit, c'est bien, vas-y fonce, fonce-moi dessus, gros tas, difficile de venir plus près me lécher les narines, difficile de t'approcher plus près, oh, viens tout contre moi, je t'attends, viens te coller, que je te sente mieux, que je te palpe sur toute la corde, oh, je respire encore, je suis même heureux de te respirer, de ne pas en rater une miette, viens plus près, il reste de la place, serre-moi un peu plus, je ne te ferai pas mal, viens m'écraser, oh, je sens encore mes mains chaudes, j'ai encore toute ma tête, oh, approche-toi, roule-toi, appuie un peu sur mon pied, le pied s'habitue, viens que je te regarde droit dans les yeux d'un peu plus près, faire l'amour, on s'aime, donc on peut faire l'amour, colle-toi contre mes cuisses, colle-toi contre ma poitrine, je vais te baiser, je vais me frotter contre toi, ne bouge plus, laisse-moi venir, je te sens bien, je sens ta chaleur, j'aime bien, c'est vrai, malgré tout ce que je t'ai dit que je ne remets pas en question, je me dis que j'aime, c'est un petit amour que je te fais en passant et qui n'engage que moi, je ne veux pas que tu en fasses une règle générale, je ne dis pas le contraire de tout ce qu'on dit qui est vrai, je crois que nous avons accumulé suffisamment de preuves maintenant pour reconnaître la nais-

sance forte du système tel qu'il s'est constitué progressivement sans notre consentement, à quel moment y aurions-
nous consenti, ni notre propre volonté, je sais que ce n'est pas
de ta faute et je ne dis pas que j'aime ce système, c'est juste
quelquefois, peu souvent, d'un coup, par mégarde, me voilà
te disant j'aime être comme cela là, je ne veux pas dire que ça
soit bien, loin de là, dois-je te répéter mes intentions et mes
demandes formulées depuis un délai maintenant suffisamment long pour que je puisse espérer qu'elles te soient par-
venues en bonne et due forme, mais il me venait au fond
l'impression à un moment de détente, pouvais-je toujours
guerroyer contre toi contre qui je guerroyais, n'en doute pas,
je te l'avoue, je n'aimais pas malgré tout, pas contre tout ce
qui avait été dit, dont je n'enlèverais pas un mot, pas en
m'opposant, pas en remettant en cause toute la construction
de la formation des rêves qui rappellent qu'il existait vérita-
blement une chose injustement aggravée par ta sordide et
majestueuse grandeur d'inertie, il se trouve que c'est ainsi, un
point de luxe sans conséquence, une perle discrète, légère,
c'est absolument sans aucune conséquence morale ni intel-
lectuelle ni pratique ni policière ni institutionnelle ni logique
ni psychologique ni d'avenir, cela n'a pas beaucoup d'avenir,
ce n'est pas parce que je ne te vois pas que je ne t'aime pas,
ce n'est pas parce que je ne te vois pas que je ne t'ai pas vu
venir, je te vois venir, je ne te vois pas, ce n'est pas parce que
je ne t'ai jamais vu qu'on n'est pas associés, j'ai dans l'idée
qu'on est associé, ce n'est pas parce qu'on ne se voit pas qu'on
n'est pas connus, je crois qu'on se connaît assez maintenant
pour pouvoir se dire tu, je ne te vois pas parce que je suis mal
placé pour te voir, ça ne veut pas dire que je ne sais pas que

tu es là, l'associé, tu m'associes, je sais, si on n'a pas encore
pu se voir, c'est vrai ça fait longtemps qu'on n'a pas pu se
voir, qu'on, comme associés, mais ça tient le coup, ce n'est
pas parce que je ne te vois pas que ça ne tient pas le coup, je
crois que ça se tient, je te tiens, tu me tiens, c'est fait exprès,
j'ai l'idée je ne t'ai pas encore vu tu m'as vu, j'ai dans l'idée
que tu m'as vu on est associé, tu as vu comme on est associé
par deux bouts comme deux, on dort ensemble, c'est moi qui
dors contre toi, je m'endors en pensant de moins en moins
de mal pour m'endormir, jusqu'au moment où complètement là je tombe sur toi, je n'ai pas besoin d'appuyer ma tête
contre toi, puisqu'elle est déjà appuyée, puisque tu t'appuies
déjà sur ma tête, on dort ensemble, on dort en même temps,
il est rare que je t'entende te réveiller durant la nuit, la nuit
tu dors comme moi qui dors contre toi, tu es calme comme
la nuit, je peux m'endormir sur toi en toute sécurité, tu ne
bouges pas de la nuit, tu n'es pas nerveux, je sais que je peux
compter sur toi pour me donner un temps de répit, que pendant ce temps où je me permets de m'endormir sur toi, tu ne
vas pas bouger et tu ne vas pas en profiter pour me prendre
en traître, pour m'écraser en traître, je sais que je peux avoir
confiance en toi, je n'utilise pas ta confiance, je ne fais pas
exprès de te faire confiance, je prends le moment de répit qui
m'est dû pour me reposer de toi et ne pas m'inquiéter et ne
pas me dire comme je le croyais au début, pendant les premières nuits, où je me croyais en train de m'endormir alors
que j'étais encore en train de te demander de faire quelque
chose pour moi, que tu allais profiter de mon endormissement pour bouger puis juste avant que je me rendorme pour
te redéplacer exactement au même endroit où je te voyais en

m'endormant, comme si je n'avais pas pu savoir que tu t'étais déplacé, je faisais le rêve de ton déplacement qui tombait je ne savais pas si c'était le hasard ou volontairement ou simplement un déplacement de mes rythmes au moment où je n'avais pas le réflexe de partir, alors que tu avais suffisamment bougé pour que je parte que je puisse me détacher vite mais je ne l'avais pas pu parce que je ne m'en étais pas rendu compte car je dormais du sommeil profond qui vient à force de s'être laissé endormir mais une fois passées mes premières craintes dont je comprends maintenant la logique, comme je m'endormais, je croyais que tu allais bouger mais je pensais cela seulement parce que je n'avais plus de vigilance, je dus faire cependant quelques essais pour me mettre en confiance et ne plus croire à ce coup tordu et démonter toute la logique, je ne m'étais installé que pour mieux croire à mon désespoir et à la malignité sadique et sordide de ta tricherie, je ne crois pas que tu triches maintenant enfin pas plus que moi, moi qui te roule si souvent et je suis tellement plus rapide que toi, une fois passées mes craintes, en restant éveillé du jour au jour, en traversant la nuit pendant laquelle je m'habitue, du moins au milieu, à tout oublier, vérifiant que ça marche plusieurs fois, à ma grande surprise, du moins au début, que tu n'en bougeais pas plus, j'ai pu arrêter de faire des cauchemars et faire semblant de dormir, puis las de te regarder d'un œil à mots couverts, les paupières closes, les yeux couverts, par les oreilles, par les vibrations qui passent à travers les matières dures, la vigilance d'autant plus en éveil que je semblais totalement évanoui et inerte et endormi et ailleurs et mort et oublieux et je vis que cela n'était pas ton affaire tu respirais autre chose de la même façon de jour et de nuit comme si tu pensais à autre chose, je ne sais pas si tu penses vraiment à autre chose, mais si je pense à tout à un moment nous penserons à la même chose tu ne peux pas penser tout le temps à la même chose et moi non plus je ne vais pas penser tout le temps à la même chose n'est-ce pas même si, c'est vrai, je te demande une chose assez unique et d'une grande simplicité physique et morale que toutes les espèces de dimensions physiques connaissent, et je peux m'endormir sans penser à mal ou en pensant de moins en moins mal, puis en pensant ni plus de bien ni plus de mal, en pensant à toi ni en bien ni en mal, je ne pensais pas à toi, je me demandais seulement si ça allait durer longtemps comme ça ou s'il y avait un moment où ça allait changer et en pensant à cette question exactement formulée dans les mêmes termes chaque soir, je crois que je commençais sans le savoir à ne plus vraiment y réfléchir mais seulement à m'endormir progressivement avec l'appréhension brutale de la parfaite sécurité, l'impression silencieuse que tu allais m'offrir, me laisser pendant tout le temps de répit qui m'est dû, que j'utilisais alors pour me reposer, je sors quand je veux, sais-tu que je peux sortir, me glisser dehors quand je veux, tu veux que je te dise comment je fais, tu veux que je t'explique, si je t'explique, tu seras surpris, tu ne pourras rien faire contre, tu me veux glisser, ça va te déranger mais je le fais quand même pour faire un tour quand je veux, je ne suis plus là, fais ce que tu veux, ouvre-toi tout grand, je ne suis plus là, tu veux que je te dise, je me mets bien avec toi, je me glisse tout contre, je t'endors, je m'endors et je laisse glisser depuis le bas tout ce qui a envie depuis un moment de se faire la belle remonte, remonte, fait comme ça pour remonter, en se regroupant on arrive tous ensemble au point où ça accroche et on passe en fluidifiant, on passe dedans, on le laisse faire, on ne le laisse pas partir, on passe dedans, une fois passé on l'oublie et on continue de remonter doucement les uns sur les autres, on a passé les deux on les laisse où ils sont, on a déjà pu faire tout le trajet sans eux, on peut en faire d'autres, on se libère progressivement, il ne reste aucune trace, c'est l'oubli total, complet, on est surpris, je ne sais comment te le demander, je peux te dire, te le demander en disant pourrais-je te demander, je peux, d'un autre côté, te demander puis-je te demander, je ne sais comment te le demander, je peux te le demander de deux manières différentes, tu crois peut-être que je vais me construire une carapace qui expliquerait à moi-même que j'ai toutes les raisons, quand on s'est habitué à avoir envie d'une chose avec régularité, d'être content d'en passer par là, que je vais me laisser, non pas me laisser, mais courir joyeusement vers la place que tu me donnes dans la parfaite conformité à la place qu'il me reste sous ton poids en tendant ultérieurement à vouloir à force d'aspirations parvenir à m'incruster en tout bien tout honneur dans ton immobilisme qui me paraît entièrement grossier et artificiel, construit de toutes pièces pour accréditer une idée de puissante assise solide quand ce n'est que de la masse, que de la masse molle, un caoutchouc en assez grosse quantité pour m'écraser, je ne vois pas pour porter un instinct sur une jambe sans que j'aie la force de retirer ma jambe, ce qui ne suffirait pas à détacher ma tête, si je te demande de bien vouloir faire quelque chose pour moi, même s'il s'agit d'une tout autre raison, si tu veux bien le faire au hasard, qui me libérerait de ta présence, je ne sais pas pourquoi pour me décoller légèrement le front, sim-

plement que dans ce cas mon nez serait moins écrasé, cela
me permettrait de respirer, ce n'est pas que je ne peux pas
respirer par la bouche ouverte, ou je ne sais pas, par chance,
il n'y a rien qui l'empêche de faire son trou, j'aimerais voir la
respiration avec les mains, avec le nez, c'est plus franc, ça
monte directement à la tête comme un piston, voilà de l'air
qui monte dans le nez, c'est bien parce que comme tu le vois
je suis trop faible pour pouvoir à moi seul avoir la force musculaire, l'énergie nécessaire, les nerfs et les tendons et l'air de
te pousser, c'est ce que je vais devoir faire avec brutalité si tu
ne te mets pas dans l'idée de changer quelque chose à cette
situation que, même si tu le nies, tu maîtrises tout à fait,
même si je sais que ce n'est pas de ta faute, tu sembles porter tout ton poids à l'endroit de mes organes assez sensible et
crucial et indispensable et douloureux, je ne voudrais pas
avoir à t'expliquer les points sensibles, sensibles car cruciaux,
de cette partie de l'homme qui s'appelle son organisation
corporelle, dérangée, hirsute, complexe, dans tous les sens, et
ses accessoires parce qu'évidemment tu ne me croirais pas, tu
ferais celui qui n'en croit rien, tu te moquerais de moi et tu
aurais raison car je ne sais pas, je sens, je pense, je soutiens,
qu'il y a une logique entre les points qui semblent les plus
importants de l'organisme et le fait de vouloir rester à peu
près en état de vivre sans se faire mutiler, je ne vais pas te faire
un cours sur les techniques chirurgicales qui permettent de
compenser la perte de grosses parties des éléments qui peuvent paraître essentielles même si elles sont à des endroits, tu
ne m'étrangles pas, tu ne m'étouffes pas, je sais que la seule
chose qui pourrait m'étouffer est l'énervement de te voir ne
jamais vouloir m'entendre, qui pourrait monter, de devoir

quémander un geste mineur de ta part et de voir que tu ne fais jamais rien, pas le moindre effort, alors que je suis sûr que cela ne te coûterait rien, je sais que seul mon propre énervement pourrait me coûter la vie, tu voudrais après ça que je croie que seul mon calme, la toute grande absolue absence d'énervement, la totale soumission à ton bonheur, la parfaite acceptation de tes sordides conditions, le doux apaisement réfléchi, mentalement reposé, modéré, de ta force me feront prendre mon sort, je ne dois pas m'énerver, cela irait contre mon intérêt, je m'en étoufferais d'énervement, je ne te laisserais pas une seconde en paix, avec en mains quelques-unes de mes demandes peaufinées travaillées articulées savamment du meilleur travail à imagination, à précision, quelques-unes de mes fines extrémités qui ne t'appartiennent pas dont il faudra bien un jour que tu comprennes qu'elles ne font pas partie de toi et ne sont pas toi et que tu t'en sépares, j'en perds le visage, à cause de l'usure, je sais que je ne me reconnaîtrais pas, tu ne vois pas à quoi ça sert un visage, c'est voir un visage ne sert à rien, si tu n'as rien à faire d'autre, même si tu as l'air très occupé en permanence, et c'est que tu dois vraiment avoir fait un gros boulot qui prend beaucoup de temps, tu n'as peut-être pas envie de faire toujours la même chose, tu voudrais à un moment faire autre chose, je sais que tu es très occupé, si jamais tu as quelque chose d'autre à faire, un arrêt temporaire, ce qui t'occupe actuellement, tu sais que je suis là, tu pourras toujours voir que je suis là, tu le sais, il y a des moments de creux, non ce n'est pas un moment de creux, il y a des moments où on n'aurait pas pensé qu'on arrêterait de regarder et puis en fait on voit après coup qu'on s'est arrêté de regarder, qu'on s'arrête par mégarde, qu'on en a assez pour un temps très court, juste le temps de se reprendre enfin si tu descends de ton piédestal, tu sais que je suis là, puisque je suis là en permanence, je ne voudrais pas que tu te retrouves au moment où mon cœur a lâché et que tu voies en te retournant que moi, bloc froid, bleuté, amaigri, si ça fait un temps que ça s'est produit, peut-être auras-tu envie de te retrouver avant, ce n'est pas une menace, ce n'est pas du chantage parce que je m'en fous que tu me voies rose ou bleu, c'est juste qu'au moment où tu te retourneras, je ne te verrai plus si je suis un cadavre, tu te retourneras mais je te préviens que si tu me regardes je ne te regarde pas, il ne faudra pas te vexer, je ne te regarderai pas, et on pourra dire que tu n'auras jamais vu la couleur de mes yeux, moi non plus je n'ai jamais vu la couleur de tes yeux, mais si je te regarde ce ne sera pas ça que je regarderai, je guetterai cette méchanceté que je verrai très certainement, surtout, ne te retourne pas, ta bêtise, je ne m'ennuie pas puisque je te dis que mes ressources sont infinies, que l'intelligence adaptatrice applique un écoulement aux heures insupportables, extraordinaires, un écoulement à bascule adaptant progressivement au passage un rallongement de la grande adaptabilité, je m'exprime comme je m'entends, je ne vais pas prendre de pincettes avec toi, pour appréhender de grands passages qui ne s'imposent pas avec une brutale autorité mais progressivement, seulement en amenant, en rallongeant, en tirant, par continuation, par tenue élastique, avoir de la grande adaptabilité que tu ne connaissais pas dans ta fuite de mettre en silence toutes les virtuosités épaissies ruinées, c'est la plus ignoble collaboration puisque tu en remettais par petits bouts, qu'on ne sait pas où ils s'arrêtent et que ce n'est jamais le moment, que ce n'est pas l'instant de te le dire, de voir arriver ce que tout de même je me fais une joie d'attendre, une libération, j'ai le nez écrasé, j'ai la bouche sèche, bavante à force de parler, j'ai une demande en plus, je voudrais poser ma demande, toutes les demandes, toutes les sortes de demandes disponibles qui peuvent se demander par la voie normale, ce que je suis à celui à qui j'ai porté ma demande, que tu existes ou que tu n'existes pas, que tu ne sois qu'un tas que je connais par le poids que tu commences à porter, que je ne te parle pas, que je ne demande rien, je n'ai rien demandé, ce n'est pas vrai que je ne peux rien, tu ne sais pas ce que c'est que de pouvoir, dans le pouvoir de faire maintenant un geste où l'âme réunie de mon corps se délie, d'où mouvoir spirituellement de grandes enjambées et levées, d'un mouvement qui émerge tout naturellement, je lève mon bras, je relève un bras, une main se dirige vers le haut depuis sa toute proche proximité à moi, je te la dédie, je te la déplie en tournant le poignet en ouvrant la main depuis les doigts à moi près de ma source de chaleur mon cœur je te la donne qui s'ouvre en l'élévation du bras déplié coudé et de déplier la main délicate penchée accompagnée s'ouvre au poignet et les doigts se détendent très lentement tu ne connaissais pas ce geste, il ne frappe pas, tu crois que j'essaye encore de te relever, de faire un mécanisme typique du détail précis anatomique qui arrangerait bien mes affaires et tu te trompes, il s'élève délicatement avec la délicatesse d'un dessin délicat des doigts dans l'air avec une courbe et cela est plaisant, cela plaît, est beau, tu ne peux pas comprendre, te demander de m'aider, si tu pouvais retirer ce truc de sur ma peau, l'appareil que tu voyais, tu ne voyais pas, je ne pouvais pas l'enlever moi-même alors si tu en avais le cran et le savoir-faire et la bonté de bien vouloir m'aider, j'aurais aimé te demander de le retirer comme tu pouvais car je pensais que tu te rendais compte que cela pouvait être gravement handicapant de laisser ça accroché pour cette opération, tu vois le plus important n'était pas de régler tes outils mais c'est que je ne pouvais pas le faire moi-même, tu voyais bien que j'en étais empêché dans ma situation mais que venant de l'autre côté il n'y avait pas grand chose à faire pour l'ôter de sur moi si ça ne tenait pas à grand chose, je ne voyais pas de mon côté mais tu aurais pu regarder si ça avait l'air de tenir fermement ou si tu te sentais capable de le détacher d'un coup ou en faisant un effort tu pourrais aller chercher des outils si tu cherchais un peu qu'importe, n'aie pas peur, coupe net, tranche, tu comprends que l'urgence obligeait à ne pas faire de détails, cela devenait urgent étant donné qu'il est clair qu'à court terme ce contact allait m'handicaper à vie si tu ne réagissais pas très vite avec les moyens du bord, si tu trouvais un truc très tranchant tant mieux, si tu ne trouvais pas tu serais le bienvenu de tenter de me l'enlever de moi s'il n'était pas trop épais, je ne le voyais pas d'où j'étais, alors que toi de là où tu étais tu devais bien voir jusqu'où il allait de là où tu étais, je ne pouvais pas bouger, si je pouvais aller voir, j'irais volontiers voir, tu sais comme voir peut être agréable par les différentes croustillantes situations dans lesquelles ça met sans que tu cherches de l'un à l'autre, que ça se super-pose à l'avant, mais tu as complètement oublié l'avant, tu ne tiens pas un carnet de ton itinéraire, tu ne pourrais pas tracer le voyage, il n'y a pas de cartes, pas de points fixes qui diraient que c'est à telle distance, distance ici n'a rien à faire, voilà que je te pousse et que je t'en fais voir du pays, rien que l'idée m'embaume, je sens toutes les odeurs, on peut dire des parfums, tu sais la différence entre des odeurs et des parfums, j'en sens les odeurs comme une bourrasque qui vient me transporter, toutes ces odeurs que je ne sens plus, coincé ici depuis, je n'arrive plus à compter, je me le refuse un peu tu vois, ça n'a pas beaucoup de sens, tu m'enlèves les odeurs comme si je devais avoir peur et me pisser dessus, j'ai une excroissance du sens de sentir, du nez, après voir du pays, quel embaumement, si je veux partir ça ne veut pas dire que tu n'es pas bien, je suis très bien avec toi, si ce n'était cette douleur aux joues et au nez, c'est instinctif, on voudrait en partir, c'est un rejet naturel, c'est brusque, c'est une brusquerie, des gestes pas réfléchis, ça part d'un centre nerveux, c'est vieux voilà ça s'enclenche tout seul, il est impossible de dire non, on peut dire non après, aurais-je voulu le faire si ce n'était une brusquerie rejetante, expulsante, venant d'un fond vieux comme montrer les dents, crier, avoir mal, ça vient des animaux, c'est une réaction qu'il est impossible de raisonner parce qu'elle ne parle pas la langue, elle ne sait pas parler, on ne peut pas l'apaiser en lui parlant, il faudrait l'habituer pendant des années et des années, un dressage, pour qu'elle n'ait plus peur tant il est frappant que c'est la motivation de la peur qui la pique, toujours piquée sur le qui-vive, ce n'est pas une mortification, sujet à ce rejet qui est un semblant de rejet un rejet apparent, c'est plus fort que moi mais avec le temps on a eu l'occasion tous les deux de prendre la juste mesure des choses et de discuter un peu et même si on ne discute pas si souvent il y a la présence longtemps entre nous que l'on a mesurée pendant tous ces temps morts comme si on savait même sans regarder où se trouvait l'autre, à quelle distance il se trouvait même, et ce qu'il était en train de faire, mais sans regarder, pas besoin, on n'y pensait pas, on dormait, on se reposait, on faisait autre chose, mais afin de nous unir toujours la connaissance implicite du déplacement de la respiration, des angoisses, qui traversent brutalement sans prévenir, un frisson qui passe, on le prend sur soi, on le pose avec soi comme si on posait l'autre sur soi pour mieux le laisser passer jusqu'à nous, pour qu'ils traversent encore et qu'il ne les garde pas enfermés en lui, si les angoisses passagères doivent passer quand elles veulent qui passent sans rien sentir qu'elles passent de lui à nous, de lui à moi, pour ne pas qu'elles lui fassent du mal, pour que je reste à l'unisson, je ne te le dirais pas si je ne pensais pas que tu pouvais y être sensible même évidemment si ce n'est pas immédiat, je ne sais pas qui croit ou veut de l'immédiat, ce n'est pas un comportement honnête, de nombreuses personnes qui pètent les plombs sont portées à vouloir tout immédiatement, cela ne les amène qu'à plus d'énervements et de hurlements et ils se mettent à prendre à partie une engeance qui les punit injustement, de ne vouloir pour une fois, une seule fois, réagir à leur demande sans patience, sans manières, sans espèce de politesse et de retenue, bien sûr que je me suis largement inspiré de toi, ne crois pas que je suis ingrat, que je ne vois pas le temps passé entre nous et notre complicité, notre vie commune, notre repos commun, je me repose sans te le dire sur ta présence, sans le savoir tu te reposes en même temps sur moi comme sur un oreiller par ma présence à tes côtés qui ne cesse de respirer et inspirer et expirer et sentir et souffler, quelquefois tu dois m'entendre

soupirer de désarroi, de peur, d'exaspération, de lassitude, tu
t'es habitué à mes soupirs, tu les as enregistrés dans leur
rythme, tu sais que sans parler je te communique encore les
spasmes involontaires qui me poussent aux soupirs discrets,
aussi vite oubliés que je les pousse, je faisais mes bagages je
préparais mes affaires où avais-je mis mes affaires, quelles
étaient mes affaires de voyage, où cela se trouvait-il, je devais
les chercher, je devais je faisais mes valises, je devais trouver
des choses intelligentes à mettre dans ma valise, ne me dis pas
que je ne comprends rien tu sais très bien que je comprends
suffisamment maintenant, je vais m'y mettre, si tu pouvais te
déplacer très légèrement pour que je parte, je ne vais pas rester coincé pour rien, tu comprends bien que ce n'est pas
parce que je suis coincé que je devrais ne comprendre rien à
rien, je suis tout à fait élastique par la pensée, personne ne
pourra dire que je ne tends pas les bras quand il est raisonnable et utile de tendre les bras ainsi je le fais et ainsi je le
refais, les bruits ne font rien à l'affaire, il peut y avoir les
bruits qu'ils veulent, je prends mes facultés mentales et physiques, je réunis mes forces, je les rassemble, je bats le rappel,
je dis qui est présent, que tous ceux qui sont présents doré-
navant se regroupent, nous partons, le départ est annoncé,
tout le monde est là, nous partons, ce n'est même pas la peine
que j'écartèle les bras en respirant du ventre pour descendre
un cran plus bas, la flexion de mes orteils en transportant
tout le reste du poids de mon corps dans le centre de ma gravité, dans le centre centralisé puissant de mon verbe qui com-
plote une terrible puissance de feu, ma chaufferie, pour toi
c'est la même chose, mais pour moi c'est aussi la même
chose, tu ne peux pas comprendre que je te place si haut

parce que j'y suis placé, et que pour moi ce sera la même chose si tu bouges ou si tu ne bouges pas, que c'est moi qui peux penser que ce serait la même chose et que cela n'a pas d'importance parce que ma place, ma hauteur, ma pensée, mon espoir est ailleurs, je voudrais que tu te déplaces, comprends, c'est moi qui le désire, c'est à moi qu'appartient cette demande et le fait que tu ne bougeras pas, cela n'a pas d'importance, que je suis déjà au bout de mon désir, que je suis déjà à l'endroit où je vois ma demande monter, je suis là et là et là et là, et je le demande, j'entends là, j'assiste là à la demande, j'entends une demande, je connais ta demande, je regarde la demande, je perçois une interrogation et une souffrance, je remarque un sourire et une alternative, je sens un plaisir, j'écoute un chant, je range, je lave, je recommence, je balaie, je balaie, que je sois celui à qui j'ai porté ma demande, que tu ne sois qu'un tas simplement par ton poids, que je ne te parle pas, que je ne demande pas, que je ne demande rien, que je me foutes complètement d'une demande qui monte à travers un tas, à travers, à travers, à travers, mes doigts de pied sont ankylosés, j'ai la bouche sèche à force de parler, j'ai le dos qui pèse, j'ai ma demande et ma demande est vaste comme une grande musique où toutes les combinaisons se succèdent, je pose ma demande, je pose les demandes, toutes les demandes, la demande, les demandes, la demande, la voix, la voix haute, tu ne peux pas comprendre que je me fous de ta bêtise et des dix mille mots que tu emploies pour n'en créer aucun et n'être qu'un lourd sac idiot, je tète, chose d'emblée qui se nourrit d'ailleurs, sais-tu qui est un ailleurs, je pourrais te dire je t'aime, je pourrais avoir le sentiment de t'aimer et te le dire en pensée même si tu m'écrases, je pour-

111

rais t'aimer avec la douleur à laquelle tu m'habitues, tu ne le comprendrais pas que je continue de t'aimer tant en te demandant de te déplacer, alors je te parlerai et je te dirai ce que cela veut dire, je te donnerai des informations et tu ne comprendras pas mieux, tu comprendras moins, l'amour est une chose qui t'échappe, tu n'as pas la même envergure que moi, tu es une force brute, la force brute n'a aucune envergure, tu diras que je n'avais pas de raison de mal placer, que je n'aurais pas dû poser mon pied sur le rebord, qu'il n'y avait pas de raison pour faire cela, je ne pouvais pas bouger ici c'est bien moi, j'aimais, je supportais, cet endroit était très serré, bien sûr que je t'aimais, que j'aimais être soumis au serrage, mais là je ne peux vraiment plus bouger, il faudrait que tu me déplaces, que tu me libères, je ne dirais pas tout et n'importe quoi, je ne bougerais pas de toutes façons si tu me laissais me déplacer, je ne te suis pas attaché comme je suis attaché au couple de la parole, au couple de mes bras qui se lèvent, je ne ferai pas alors ce que tu voudrais que je fasse, je détends la main, les doigts, la longueur de mes doigts, très, très lentement, tu ne connais pas ce geste, il ne va pas frapper, il s'élève délicatement par la délicatesse, dessin délicat dans l'air, je suis autour de moi, cela plaît, est beau, est délicat, tu ne comprends pas, cela s'adresse, tu vois et tu ne vois personne car cela s'adresse à ce qu'il faut faire pour que cela soit si joli que cela sourie, je peux aussi déplacer mes jambes mais je le fais moins bien tu vois ce n'est pas que cela m'arrête, ce qui m'arrête ici t'est inconnu, les bateaux, j'en parle, l'entière liberté d'en chercher, je ne vais pas te le demander cent cinquante fois, ni me tortiller pendant cent sept ans pour te le demander gentiment, si tu peux te déplacer très légèrement

même sans t'en rendre compte ce serait avantageux pour
moi, tu m'enlèverais un grand poids, je ne t'embêterais plus
et j'irais soudain librement faire un petit tour, la question de
savoir ce que je ferais ne se pose pas, j'aimerais avoir cette
possibilité, qui m'était habituelle avant de te rencontrer, de
me déplacer et de subvenir aux choses élémentaires de la vie
pour m'occuper de moi, que je ne peux plus assurer en étant
coincé avec toi, ce sont des choses très simples dont tu n'as
peut-être pas besoin de t'occuper mais dont il faudrait que je
m'occupe aussi pour moi, c'est mon corps qui le veut, tu
pourrais le faire, si tu voulais, en faisant comme si tu ne le
remarquais pas, on pourrait dire que tu ne l'avais pas fait
exprès, je te promets de ne pas t'étouffer en me glissant vers
la sortie, c'est vrai que j'en serais heureux, je ne te cache pas
qu'il serait avantageux pour moi de gagner l'air libre, ce n'est
pas que tu as une mauvaise odeur, je ne te sens pas d'odeur,
tu n'as pas d'odeur, tu n'as pas une mauvaise odeur, mais
c'est que le nez m'est utile pour ventiler ma machine, c'est
par là que l'air rentre et sort, ça ventile normalement, j'en ai
besoin, je ne le fais pas volontairement, je m'en sers logique-
ment, pour ainsi dire sans le vouloir, et toi à un moment
donné tu pourrais sans le vouloir me lâcher le nez, je ne dis
pas pour les pieds, mais un premier mouvement qui me libérerait le nez, je ne regarde pas, je ferme les yeux, clos, la nuit
noire, je ne comprends rien, je suis idiot, je dors, je n'entends
plus rien, je ne comprends plus rien, je ne vois rien, et ça alors
c'est drôle si je m'attendais à un tel miracle, je crois que tu
serais capable d'un tel miracle, n'est-ce pas, serais-tu capable
de faire un miracle, mon nez lâché, c'est beaucoup pour moi,
tu ne vois pas ce que je veux dire avec mon nez, tu ne sais pas

placer mon nez, tu ne me situes pas bien, bon, dans un premier mouvement involontaire sans t'en rendre compte tu te déplacerais assez afin que mon nez se libère, je ne veux pas être méchant mais tu as peut-être assez fait la comédie, je dirais la comédie a été tenue longtemps, très longtemps et je peux estimer le travail bien fait et tenu, tu tiens bien, tu as bien tenu, je conçois la qualité et la perfection de ton silence, de ta tenue, de ta durée, de ta représentation qui fut sublime, j'applaudis, je ne peux que rester admiratif, je ne pouvais pas imaginer une telle dignité dans le travail de la durée, je n'avais jamais assisté à un tel spectacle, tu as su conserver pendant tout ce temps une majesté exemplaire, bon, écoute, d'accord, je n'existe pas, bon, d'accord, tu n'existes pas, j'ai fait cette erreur, de croire que tu existes, je me repentis, je ne le fais plus, j'arrête de dire tu comme si je te connaissais, ce n'était qu'une proximité, mais quelle proximité, il faut reconnaître qu'elle n'est pas lâche, qu'elle crée une habitude, ça a été un côtoiement fortuit, d'accord, tu ne l'as pas voulu, je ne l'ai pas choisi, on ne se connaît pas, je ne te tutoie plus, si vous pouviez, s'il vous plaît, légèrement, vous déplacer de quelques millimètres, s'il vous plaît, cela me siérait à un point inimaginable, je soufflerais, même un instant, seulement un instant et vous me rattraperiez, si vous le vouliez, disons une halte, le temps de reprendre mon souffle, le temps de prendre une bouffée, puis vous me reprendriez contre vous, si vous vouliez, d'accord, je n'existe pas, vous n'existez pas, je me suis trompé, je n'aurais pas dû vous demander de vous inciter à vouloir à vous qui n'aviez pas, qui ne pouviez avoir de volonté, ce fut une grossière erreur, j'arrête de vous parler, vous êtes sourd, vous êtes plus que sourd, je n'existe plus pour vous, vous n'existez pas pour moi, nous sommes d'accord, je me repens, je ne m'adresse pas à vous, je ne fais pas l'idiot, je ne discute pas, il n'y a pas à discuter, vous n'avez pas, de volonté, d'existence, d'oreille, d'être, ai-je vu une oreille chez vous, je m'adresse à vous et je n'ai pas vérifié qu'il existât une oreille sur vous, sur ce que je vois de vous, je ne vois pas grand-chose de vous, vous n'existez tout simplement pas, comme moi-même je n'existe absolument pas, on se demande pourquoi je gigote et je m'échauffe en vous parlant, je ne suis rien, vous n'êtes rien, il n'est nullement question que je me permette de m'adresser à vous, je n'ai qu'à formuler des vœux d'ordre général et qui ne vous serons pas adressés, ne croyez pas que je quémande, ne croyez pas que mes vœux vous sont adressés, vous n'y pouvez rien, je n'y peux rien, vous faites ce que vous avez à faire, vous n'avez justement rien à faire, alors que moi j'aurais à faire, si seulement il m'était possible de me détacher un instant de notre bête et fortuit accolement que ni vous ni moi n'avons choisi ou voulu, je ne parle pas de vous, je dis ça de façon générale, je dis ça à l'envolée, au tout-venant, en l'air, il n'y a rien qui vient, tu m'entendrais crier que ça ne te ferait pas peur, s'il y avait le moindre signe d'une venue quelconque, absolument quelconque, un hurlement tel que tu serais surpris que cela vienne de moi, un hurlement disproportionné avec ce que l'on peut imaginer des capacités respiratoires de mon faible volume thoracique, tu n'existes pas, nous nous ignorons, nous n'avons rien à voir ensemble, c'est même étonnant que nous soyons, ainsi, si proche, n'est-ce pas, je parle de notre proximité physique dans l'espace, ce n'est pas que nous ayons la moindre concordance physiologique, nous sommes incomparables, totalement incomparables, et nous avons autant de mal à nous comprendre qu'à concevoir quels sont les besoins élémentaires et vitaux afin de laisser vivre la machine de l'autre, le mien, je dois te le dire, comparativement au tien, il serait bon que tu te penches sur cette question, d'une certaine fragilité, c'est-à-dire qu'il n'est pas fragile du tout et tu serais émerveillé des ressources colorées de son imagination, aussi qu'il est tenu à certaines obligations minimes comme la libre circulation dans le tuyau d'air de l'air qui ventile, je reconnais que le tuyau n'est pas bien large et qu'il est mal placé, surtout depuis que tu as eu l'idée de me coincer le nez, et on ne peut pas dire que tu pèches par légèreté, un défoulement d'un ensemble quelconque musculaire des membres, je ne peux pas t'expliquer vraiment pourquoi, c'est général, il leur faut des mouvements, ils ne peuvent pas rester sans bouger en continu, pendant tout ce temps, c'est à se demander si tu comprends ce que je veux dire par là, tu es tranquille, tu ne vas pas te presser, je ne suis rien, d'accord, on ne va pas rester collé ainsi éternellement, sais-tu jouer aux échecs, on pourrait faire une partie, tu ne sais pas, bon, ce n'est pas grave, on peut attendre tranquillement que tu te décides, que vous vous décidiez, qu'il se décide, ce n'est pas de notre fait, ce n'est pas de ton fait, c'est général, on n'existe pas, on peut attendre tous les deux tranquillement que ça passe, je ne suis rien, d'accord, je vais m'en sortir tout seul, tu vas être très surpris, changement d'orientation, reprise en manuel, recherche de sorties, objectif perforation, déclenchement, que crois-tu, mes moyens sont insoupçonnables car dissimulés sous une apparence de chair flasque et stupide, mes ressources sont infinies, il suffit de demander, changement de rythme et de configuration, o.k., on passe à l'autre stade, tu n'existes pas et c'est un fait dont il faudra convenir objectivement, une masse inconnue produit un obstacle à la libération de l'appareil respiratoire et qui tente d'écraser sous son poids l'appareil, bip bip tchack crouik zzzzzzzzzzzzzzz ouverture capsule nasale, sortie du treuil télescopique, tu vas peut-être être surpris de voir les engins qui vont sortir, tu l'auras voulu, je ne peux plus faire machine arrière, j'ai un treuil qui va sortir du nez, je vais faire sortir le treuil de mon nez, je vais me treuiller et te repousser, sortie de la perforatrice à vis, à forets autour de la bouche, pour te cylindrer, je vais te fraiser jusqu'à ce qu'il ne reste plus rien, je ne bouge pas, tout se fait en automatique, sortie des hanches des araignées à pistons à pression hydraulique, ce sont des paires de cinq pinces qui agrippent et dont la puissance de traction va t'étonner, je crois, attention prêt au déclenchement sortie simultanée des engins de perforation du nez, de fraisage et d'accrochage de la bouche, tvou ou ou, ch ch ch, mise en automatique, mise en rotation du cylindre, déformation plastique, transformation métallique, attention, je crois que l'obstacle localisé va devoir être soumis à une explosion, sortir des plaques de protection, je préfère ne pas voir ça, la conflagration sera énorme, attention, montée en puissance, 200 tours-minute, déclenchement réflexes, tu as peur, ah ah ah, c'était une blague, c'est pour rire, ah ah ah, je me suis amusé, bon, ça t'a fait rire, ce n'est pas avec la minceur du cartilage de mon pauvre nez que je vais pouvoir te perforer la panse, bon, allez, déplace-toi maintenant, allez, on se déplace, on avance, on y va, on ne va pas rester comme ça des années, sinon je sors les treuils télescopiques et le battoir rotatif à dents, bon d'accord tu n'existes pas, je n'existe pas, je n'ai pas de matériel militaire, mes cartilages sont fins, relativement à ce que tu représentes en poids, en consistance, en masse, en texture, en surface, en dureté, en compacité, je prends de l'ampleur, je plaque, je boursoufle, je m'enorgueillis, un empaquetage, une énormité, un pan, un pan immense, une prison ultramoderne, stupide, est-ce que tu pourrais trouver un moyen de déplacer légèrement le tas qui me coince d'une manière ou d'une autre, je ne suis pas en mesure de faire pression sur toi, tu as la grandeur et la taille, je ne peux pas me mesurer à toi, je n'ai ni ta grandeur, ni ta taille, ni ta, comment dire, ta, je n'ai pas pu encore te voir, mais je sens que je te connaissais, ta présence lourde, ton endormissement, comment peut-on dormir ainsi sans cesse, avec cet immobilisme, attendais-tu que des millénaires passent, je ne vais donc pas te parler, je ne vais donc pas me fatiguer inutilement, je vais partir, je vais simplement partir par l'intérieur, ne pouvant rien contre ta présence qui, dehors, bloque mon nez et ankylose mes membres, je vais simplement me glisser en passant par moi, tu oublies que j'ai des passages souterrains nombreux et glissants qui m'amènent où je veux que je n'aurais pas honte d'utiliser dans les cas où cela est extrême parce que j'ai déjà tout essayé, que tu m'ennuies profondément de ne jamais me répondre, tu en as trop fait, ta présence m'est simplement superflue et ennuyeuse, comprends que j'ai besoin d'une certaine animation et d'une certaine réponse de la part de la vie à toute une série de questions que je me lance jusqu'au vertige, je vais donc m'en aller, je te dis au revoir, je ne sais pas si je reviendrai, tu ne sais rien des glissements, je vais te raconter une histoire, puis tu me relâcheras, nous sommes si habitués d'être ensemble, peut-être serons-nous ensemble jusqu'à la fin de nos jours, je vois que tu ne te déplaces pas, j'en prends acte, je peux te le dire maintenant, je ne voulais pas que tu te déplaces, j'en avais même très peur, j'aurais tout donné pour que tu ne te déplaces pas, comprends qu'en te déplaçant, tu pouvais, en mal l'interprétant, te déplacer non pas en me libérant mais en m'écrasant, en allant vers moi plus près et tu m'aurais alors complètement écrasé la tête, je serais mort, je ne veux pas mourir, ni courir le risque de mourir en te demandant de te déplacer, ainsi, vois-tu, je t'en fais la confidence, ma demande pressante n'était faite que pour te dissuader de te déplacer, pour te donner d'autres idées, comme l'idée de ne surtout pas bouger en plus, pas un mouvement, une certitude, celle de te retrouver au réveil, tel qu'en toi-même, et qu'importe si mes mouvements sont déjà bien réduits, et avec le temps plus raccourcis, je préfère m'assurer que rien n'a changé, que mon sort pendant la nuit n'a pas empiré, je vais t'expliquer comment on fait les savonnettes, j'ai l'impression, sans vouloir te vexer que tu ne connaissais pas la recette de fabrication des savonnettes, peut-être ne connaissais-tu pas l'existence des savonnettes, n'est-ce que moi qui pue à ton contact, je t'avoue ne pas reconnaître le parfum qui nous entoure et qui nécessiterait un lavage à la savonnette et à l'eau, je vais en profiter pour te faire redé- couvrir à notre contact la profondeur de la moindre parcelle de notre invention, si tu me laissais te regarder et te tourner autour et prendre disons quelques mètres de distance, une simple savonnette, celle qui donne les mains douces et la nuit fraîche, et je te laverais en zigzag, vois comme une appréhen- sion soudaine a collé un nom à tout ce qui s'approche vers nous, nous attrape, qu'on attrape, qu'on veut attraper, parce qu'on se le passe et qu'on se le repasse parce qu'on en a besoin pour touiller dans la casserole, pour que ça cuise, si on ne touille pas, ça ne va jamais cuire de façon déliée et diffuse, ce ne sera pas bon, je te raconte comment on prépare avec soin une bonne soupe zig tu sais que je n'ai jamais eu besoin de savoir qu'est-ce que tu faisais là, je ne te l'ai jamais demandé et cela ne m'intéressait pas, que fais-tu là, il se trouve que tu te trouves là naturellement, je ne l'avais pas prédit mais il est naturel que de nombreuses choses que je ne prédis pas se rencontrent là, je me trouve soudainement dans un trou, il suffit d'un autre battement de cil pour me trouver dans le cockpit d'un avion, c'est la traversée à n'en plus finir de l'Océan Atlantique, ce sont mes passages souterrains, je m'infiltre, je vais sortir, je serais sous une autre forme, je me métamorphoserais, tu ne connaîtrais pas la matière de la pensée, la pensée pleut sur un objet comme la vapeur d'eau du vaporisateur, en gouttelettes très fines, repousse-toi, je ne veux plus te voir, regarde-moi dans les yeux, je t'attends de pied ferme, tu n'es qu'un tas, je ne t'ai pas attendu pour endurer, je sais pouvoir connaître, je connaissais des épreuves, je t'attendais, je ne me démonterai pas, rien, ni personne, ne peut me démonter, tu me vois devant toi d'un bloc, tu as effectivement mon nez pris sous ta masse sans compter mes membres immobilisés pour l'instant contre ta masse, sache que ma dignité est restée intacte et restera intacte, mes grimaces de douleur, lorsque je me réveille d'un endormissement ivre, ne s'échappent pas de ma dignité, infinie, immortelle, qu'elle endure, tu as décidé de l'endurer, qu'elle endure, ce ne sont pas mes contorsions qui doivent te faire penser m'ôter ma dignité, elle est inusable, elle s'assouplit au rythme des exercices de gymnastique que ta masse impose, que mon imagination suggère, avec l'idée que, peut-être, à force d'acrobatie, un pied, puis mon nez se libèrent puisque les manipulations des membres appartiennent à des lois techniques étrangères à la réflexion, aux corps inaccoutumés aux exercices, dont la recherche et l'approfondissement sont géométriques, aventureux et passionnants, je crois que, bientôt, avant même de me libérer entièrement le nez, j'aurais trouvé quelques ressorts et lois originales dignes d'une vraie trouvaille et de la configuration générale cosmogonique et qui correspondra, qui correspond déjà à quelques forces habitant des lieux des recoins de la nature cachés qui ne se privent pas de regarder avec intensité les agissements raisonnables des humains lorsqu'ils se rapprochent de leurs propres exercices de pensée et de gymnastique, je vais me branler sur toi en reprenant mon souffle, en t'embrassant d'un baiser et en te ruisselant de ma salive, ma salive, ma bave, ma bouche, mon baiser, mon sperme, je connais le truc du vieux sage dans la montagne, tu es mon maître extatique, tu es mon maître montagne, mon modèle, ma mère, je fais tout ce que tu fais, je vais rester aussi tranquille que l'eau qui tombe des arbres quand la pluie est finie déjà depuis plus d'une heure et que le soleil brille enfin, je reste sur le modèle d'une immobilité parfaite pendant des heures, je ne bouge plus, j'attends que tu trembles, si tu trembles, je tremblerai, je n'ai pas d'intentions, as-tu une intention, tu n'as pas d'intention, tu ne veux pas que je reste prostré à tes pieds, tu es sans mauvaise volonté, ce n'est pas de ta faute, je n'ai plus de taches, je suis comme toi, toute tache s'est évaporée avec la dernière pluie, je n'ai aucune intention de me déplacer, as-tu le désir de partir, je n'ai pas le désir de partir, veux-tu que je parte, je ne veux pas que tu t'éloignes de moi, tu es bien là, je suis bien là, je ne vais pas être plus tordu que toi, je ne vais pas être plus menteur que toi, je ne vais pas être plus sadique que toi, j'ignore, je ne sais rien, je suis assis dans ce coin, cela n'a pas de raison, c'est à ce coin que je suis devenu, je ne veux pas me martyriser plus que ça, simplement, je vais rester tout contre toi, comme si tu m'avais choisi pour m'attacher à toi pour toujours, un jour j'ai choisi de rester dans ce coin, en te découvrant brusquement pendant une promenade et je décidai de rester ma vie entière en cet endroit magique, surnaturel, particulier, endroit de tous les endroits, comme il faut bien être quelque part après tout, autant lui donner un sens particulier, ainsi avec toi je donnais un sens à l'espace et à ma vie, le tout en même temps, tu ne dérangeais pas ma méditation, quelquefois un insecte, quelquefois un nombre impressionnant d'insectes, tu me donnais, par la douleur, le loisir de la douce méditation, je n'avais pas peur de toi, je savais que j'y arriverais, une fois lâché je te rouerais de coups et de coups de savate contre ton gros ventre pourri, je n'ai jamais eu peur de toi jusqu'à présent, pouvais-tu murmurer, pouvais-tu maugréer, pouvais-tu souffrir et gémir et grincer et craquer, je t'entendais déjà te plaindre et demander pitié sous mes coups et tu savais que je n'avais aucune pitié, pas plus que tu n'en aurais eu pendant tout ce temps passé écrasé sans que tu veuilles faire le moindre mouvement de bienveillance, il ne t'en coûtait rien, ne t'énerve pas, tu te calmes, tu verras plus tard, tu as tout le temps, de la patience avec toi, la seule attitude raisonnable maintenant, et tu tiendras, ne fais pas

122

comme l'homme saoul qui s'agite contre des chimères pris dans ses propres frayeurs, je ne vais plus le tutoyer, je ne vais plus me tutoyer, je ne vais plus lui parler, je ne parlerai plus de lui, de cela, de ça, de cette histoire, je parlerai d'une autre histoire qui me tient à cœur qui n'a aucun rapport avec cette stupide attache insupportable, impossible à décoller de là, contre laquelle il n'y a rien à faire malgré tous mes efforts, je n'en ai pas d'autre et il se trouve que, à moins que, à moins que, il y a peut-être quelque chose d'autre à penser, en calculant bien, une dernière chance, un truc bête auquel je n'avais pas pensé, pour raconter une autre histoire, pendant que je suis là, qu'il me faut trouver assez de patience pour attendre les secours, puisque cela dure déjà depuis, que cela va durer encore, que seuls les insectes m'accompagnent, une histoire que je vais intituler vivre avec les insectes, dans laquelle sera racontée l'expérience d'un homme qui plutôt que de vivre dans la compagnie d'autres hommes préféra vivre et décrire la vie des insectes avec ses difficultés d'apprentissage, ses désagréments au début, ses déceptions puis les découvertes qu'il fit, avec une description détaillée de la lumière des lieux, ou autre chose, oui, plutôt autre chose, une histoire, pourquoi ne pas laisser s'échapper le besoin de s'échapper, pendant qu'il aplatit, pendant que cela dure pour durer, l'histoire d'un vendeur de lacets dans le grand pays, qui cheminait à pied et dont tous les lacets tenaient dans une petite sacoche qui l'accompagnait partout, il les vendait en les déposant sur un carton, des lacets de coton enveloppés à la mode internationale et des lacets de laine, de cuir, des bouts de fils en plastique, qu'il étalait avec le même mouvement qui faisait que la tête envoyée vers l'arrière faisait onduler la queue et immédiatement rabattait la longueur du lacet bien en ligne à côté des autres lacets couchés ou l'histoire d'un cavalier dont l'unique but était de cavaler et qui ne se fatiguait pas à dormir tant il aimait cavaler ou l'histoire qu'il me faisait mal aux doigts, que mes doigts me faisaient mal, je ne vois pas de différence, le seul fait que mon nez est douloureux suffit pour expliquer mon vœu, que cela cesse et il n'y a qu'une manière pour que cela cesse, les vagues de mes effluves d'adrénaline et d'analgésique qui remontent dans mes veines sont des vagues qui se fatiguent et s'épuisent.

Textes

Je n'ai pas qu'été ce truc.

Je n'ai pas eu qu'à comprendre, j'
apprenais
Je ne suis pas que qui était là à comprendre, qui n'a qu'à avoir compris
Je n'ai pas fait que comprendre, je comprends
Je n'ai pas qu'été qui n'a qu'entendre   J'ai
compris : je n'étais pas que du j'ai dû appliquer
J'entends, j'entends, je ne suis pas qui a à avoir à
Je ne suis pas compreneur, je comprends   J'étais pas que j'entends, que ça
j'
enregistre, j'   entends, je n'ai pas qu'été là à
emmagasiner
Je comprends   J'ai qu'eu qu'à appliquer
J'entendais entendre, je n'eu qu'à enregistrer   Je comprends que je ne
prends pas
Je n'ai pas été qu'être à comprendre, je n'ai
pas qu'été à enregistrer
Je n'avais pas que eu à   Je ne suis pas j'ai compris, je comprends
Je ne suis pas emmagasineur
Je n'ai pas que comporté,   je n'ai pas qu'eu à avoir eu enregistré
Je ne suis pas à avoir eu à hue qu'à prendre enregistrer à
comprendre à comporter à enregistrer   Je comprends je n'avais pas
qu'à n'avoir qu'à   comprendre   Je n'eu   pas
qu'à être en endre   Je comprends, je sais,
je n'ai qu'eu à être en endre,   je ne suis pas con

le billet de banque

je suis un billet de banque

je suis le bout de papier

le billet de banque est en papier

est en papier spécial
est un papier spécial

est un bout de papier
coupé au massicot
coupé droit

un ruban

de papier spécial

le papier est spécial

on ne peut pas refaire ce papier

c'est un papier particulier

il y a des dessins dans le papier
il y a un dessin sur le papier

les billets de banque ont un dessin dessiné

les timbres ont un dessin dessiné

penser est comme regarder la télévision

penser ou regarder la télévision

les images de la télévision
des images viennent

regarder la télévision est comme vivre
vivre est regarder la télévision

je me sers du papier spécial des billets de banque

je me sers des bouts de papier
j'ai des bouts de papier spécial au bout des doigts

je les touche

les billets de banque ont un dessin, sont en papier spécial

le papier est spécial est inrefaisable

je ne peux pas refaire le papier
je peux refaire le dessin

qu'il y a sur les billets de banque

je ne peux pas refaire le papier

je ne sais pas comment ils font ce papier

je sais regarder la télévision

je sais que regarder la télévision est la même chose que penser

je pense

des millions

les millions les visions

les millions de milliards

les millions de remontées

les millions d'impressions

les impressions qui remontent

les impressions se dessinent

des millions d'impressions

les dessins impressionnent

les millions de vaguelettes

les millions de vaguelettes de la mer

les dessins des vaguelettes

toutes les impressions

l'impressionnement des millions de vaguelettes de la mer

l'impressionnement des dessins dessinés sur la mer

le million de milliards de vagues

les impressions se dessinent

se décident viennent remontent se croisent flottent s'agitent
bougent

la descente des millions

les millions descendent en vagues, en vaguelettes

flot

les images se dessinent

croissants

remontent

croissants milliards

le dessinement des dessins des milliards de vagues

la vision

le visionnement des croissants

le passage des milliards d'images

des milliards de dessins

le sac

le sac s'agrandit est s'agrandissant

le sac est de plus en plus large
est devenu énorme est agrandi

le sac
doit pouvoir avoir des mains

doit avoir des mains
va avoir des mains

a des mains

le sac étrangle

le sac est formel il n'y aura bientôt plus d'air
le sac est formel il se serre
le sac est formel ce qui serre s'éteint

tire ses mains

se resserre

le sac a des mains
de grosses mains

a plusieurs mains
a plusieurs grosses mains

qui se resserrent

ne sait pas faire autre chose que des mains
est sans autres aides tire ses mains

se serre

est vite sans air

se serre
est très vite vide

se serre vite
s'étrangle

le sac est honnête
est un honnête homme

est un gros honnête homme
est un gras grossier honnête homme

le sac est grossier

est rouge

est un sac de toile grossière

est un grand sac de toile
grand s'agrandissant

le sac s'agrandit

le sac s'associe à ses mains pour mieux
le sac est grand
a encore agrandi

poursuit

le sac est rempli
remplit

se remplit
remplit ses mains

serre ses mains

s'étrangle

et se resserre

et se remplit et s'agrandit et s'élargit et entoure et fait tout
le tour
le sac s'agrandissant étrangle

le sac est rempli

le sac est assassin

étrangle

le sac assassin

le sac est un assassin

le sac est un étrangleur

Vois cette gueule, c'est pas du visage, ça, c'est de la gueule avec la tête, c'est pas fait de voile de tulle, c'est indubitable, c'est une gueule de tête, de la tête frappée, de la tête violentée de midi, à boule, de la ronde dure, vois, comme elle vient tard dans la journée, la ronde tête boule, c'est de la boule de gorge, tu ne peux pas détacher la gorge de la tête, vois, cette gueule-là, c'est de la tête engorgée, qui se pose là, la tête tarée, elle se pose là l'air, la tête à gorge, elle grogne, grondements de cons, la grosse ronde grondante, elle se pose là, bon dieu, en statu-faction, avec le nez, l'air de poser rondement une boule de gueule à gorge qui grogne.

Tu as ta tête qui ne peut pas tenir une épingle à travers. Tu n'as qu'une tête fermée. Fermée à toute nouvelle expé-rience qui entre par tes oreilles des tapis d'ondes des tapis de tôles et ondes de sacs de sable. Une épingle n'entre pas. Qu'un peu d'eau rentre. Où n'entrerait pas un oiseau à tra-vers le crâne. Tu n'as qu'une à prendre avec. Tu as ta tête qui ne se renfonce pas à l'endroit du renfoncement à deux pattes de pouces qui lui donne une autre forme. Tu ne peux pas à ta tête épingler une deuxième tête avec des trucs qui traînent avec des bouts de bois et des élastiques avec ta tête enfiler un filet d'eau sous la couche. Tu n'as qu'une tête fer-mée. N'entrerai pas une fléchette une serpette une arbalète une pipette avec. Tu prends ta tête, qu'est-ce que tu peux faire avec. Tu n'y entrerais pas un rameau d'arbre, elle ne sait pas jouer dans les canniers. Elle ne croisse pas. Avec ta

tête tu ne peux aller à toute vitesse tu ne peux pas faire de
ski avec ta tête. Elle ne sait pas jouer à la marche du serpent
qui rampe en zigzag à toute vitesse sur le sable, ta tête. Elle
ne sait pas faire de la broderie. Tu ne peux pas faire de la
broderie avec. Ta tête que tu ne peux pas épingler. Tu as ta
tête. Elle laisse le filet aller ta tête.

Toute, grosse, gargouille, grabelé, grabelées, grabeuses, gra-
beux, grabeler, grabeaux, grabuge, grâce, gracieux, graduelle-
ment, grade, gradation, graduation, gradué, gradille, grage,
graillon, grenaille, granulatoire, grappe, grappelé, grappe,
grappue, grappe, gratitude, gratte, grattelé, gratteur, gratterie,
grattoir, gratture, grattons grattons, grattons, graisse, grais-
sage, graissé, graisseux, graissoir, engourdi, engraisser,
engranger, engravé, engravement, engrenage, engrenure,
engraissé, grammairien, grand, grainchus, gras, grasse, gras-
seyé, grasseye, grasseyement, r, gruerie, gravats, gravelé, gra-
veleux, gravier, gravière, gravit, griotte, grippé, grippe, gippait,
grissin, débris, pierre, groise, groison, groisées, gronde, gron-
dant, grondement, grognerie, grogne, grommelle, grommelle-
ment, gravite, gravitait, gravitant, gravitée, gravité, volonté,
grelot, grêle, grêlé, grivelé, grappe, poudre, grappins, grap-
pille, grappilleur, grat, gratgal, graticule, gratifiant, grillote,
grillotant, gringotte, grimace, grimacer, grimacer, bronche,
grime, grimpe, grinche, grincheur, grosserie, gros, grossi,
grosse, grossier, grossissant, regrossissante, grotesque, grotte,
groupe, gruau, gruau, grueur, grumeau, grumeau, grumeau,
grumelé, grumeleux, grumelure, grumillon, engrumelé
engrumeler, engrêlé, grené, grésil, grésillé, greul, grenoir,

gruppetto, grevé, grainaille, gribouillé gribouillis gribouillé, griffé, griffonné, grillé, grainchu, grilloir, grugeur, grange. La gueule gueule. La gorge guérit, geint, enrage, rouge, sort, goulue, grasse, gourde de hargne, gamine, jongle, hébétée, gouailleuse, joue, rigole, la gorge gruge, la gorge tord, menace, alanguie englue, engraissée, gagne.

Manger

– Que ferais-je pour me nourrir?

– Tu mangeras.

– Puis-je tout manger, tout se mange-t-il?

– Non, tout ne se mange pas, dans le monde tu rencontreras les aliments, qui sont de délicieux aliments pour toi et les poisons qui te rendront malades et te vieilliront et t'annihileront si tu en avales ne serait-ce qu'une quelconque petite partie.

– Comment reconnaîtrai-je les aliments parmi les poisons mortels?

– À leur forme que tu appréhenderas de tes yeux et de ta main.

– Les aliments, quelle forme ont-ils?

– Tu rencontreras trois sortes d'aliments, les aliments poreux, spongieux et fibreux. Les aliments fibreux sont reconnaissables à leurs veines, veinés, ils sont recouverts de dessins caractéristiques des chemins qui serpentent et s'alimentent; les aliments spongieux absorbent toute une quantité de liquides et adsorbent toute une quantité de liquides; les aliments poreux laissent passer l'air et les parfums; mais tous sont de forme allongée et ronde. La purée est bonne à manger. Toutes les purées quel que soit leur couleur leur consistance leur viscosité leur pureté leur odeur leur goût. Regarde. Touche-le.

– Qu'est-ce que c'est?

– Est-ce mou ou moelleux?

– Non, cela est dur comme de la pierre.

– Y vois-tu des dessins de petits chemins qui serpentent et s'alimentent sur la coque?

– Non. Nulle onctuosité ni chemin, ce n'est pas un aliment, qu'est-ce que c'est, qu'est-ce qui ne se mange pas ?

– Ce qui ne se mange pas n'est pas vivant et n'a jamais été vivant et ne peut te donner la vie. C'est un caillou.

– Que sont les cailloux s'ils ne donnent pas la vie ?

– Les cailloux forment les chemins tracés dans le monde. C'est sur eux que tu voyages et que tu traverses le monde en marchant sur eux tous, les cailloux qui forment les chemins en assurant ton pied.

– Mais les vivants te donneront la vie pour marcher à travers tous les cailloux du monde.

– Les aliments principaux sont...

– Le thé, le beurre, l'ail et le sel.

– Est-ce que je trouverai à manger ?

– Non, tu ne trouveras pas à manger.

– Jamais je n'aurai à manger ?

– Quelquefois tu trouveras quelque chose à manger.

– Est-ce que je peux prendre du plaisir à manger ?

– Oui, tu peux te faire plaisir en mangeant, manger aussi est plaisant. Le plaisir est de la vie.

– Puis-je manger les animaux aussi ?

– Oui, tu peux manger les animaux à l'exception de l'homme. Tu ne dois pas manger l'homme.

– Comment reconnaîtrai-je l'homme des autres animaux ?

– L'homme est facilement reconnaissable, la forme de l'homme parmi les formes des animaux est facilement reconnaissable, aucun animal n'a la forme de l'homme, tu le verras à cette façon d'avoir une tête dans l'allongement du corps. Tu ne confondras pas.

– Tu ne te laisseras pas prendre par ses habits.

– Certains animaux peuvent porter des habits.

– Tu le reconnaîtras à la forme de sa tête et à la forme de ses mains.

– Dois-je les tuer?

– Tu dois les tuer.

– Pourquoi?

– Tu ne peux manger que ce qui est mort, que ce qui était vivant qui vient de mourir, que tu as tué, que tu as a attrapé vivant et que tu as tué, tu le manges mort.

– Tout ce que je mange était vivant.

– Oui, tu ne manges que ce qui est vivant. Tout ce qui est dans la vie est vivant, plein de vie. Tout ce que le monde fait est vivant; tu peux manger tout ce que le monde fait, tout ce que tu trouveras dans le monde. Tu dois les tuer avant de manger, sauf le mollusque que tu saupoudreras d'un peu de citron ou de vinaigre.

– Est-ce que je peux manger le lait de ma mère?

– Oui, tu peux manger le lait de ta mère en lui tétant les seins si elle te laisse faire.

– Lui téter les seins?

– Oui, téter le bout de ses seins pour manger le lait qu'elle a dans les seins.

– Est-ce que je peux manger le lait de tous les hommes?

– Oui, tous les hommes font du bon lait pour toi, tous les hommes font le même lait, le lait de l'homme est toujours bon à manger.

– Est-ce que je peux manger les larmes de ma mère?

– Oui, tu peux manger les larmes salées de ta mère si elle te laisse faire.

– La salive de ma mère?

– Non, tu ne peux manger la salive de la bouche de ta mère à pleines dents.

– Manger la salive de l'homme?

– Ce que fait l'homme est bon à manger. Tu peux avaler la salive que les hommes produisent dans la bouche, tu peux avaler ta salive, tu peux avaler la salive du chien, du lion, de l'homme s'il n'est pas ta mère.

– Ce que l'homme donne est bon.

– Ce que l'homme donne est bon.

Le poison

– Est-ce que je peux manger les amandes?

– Oui, tu peux manger les amandes que tu trouves dans les amandiers ou au pied des amandiers ou dans les grands sacs de jute décortiquées grillées salées nature.

– Manger toutes les amandes.

– Oui, toutes les amandes. Sauf les amandes amères qui sont du poison.

– Que feras-tu en mangeant?

– Je dois dédier chaque bouchée.

– Non, toutes tes bouchées sont dédiées à tous ceux que tu aimes, à tous ceux que tu as aimés, à tous les animaux, à toutes tes bouchées déjà.

– Je peux manger sans penser à tous ceux à qui mes bouchées sont dédiées.

– Oui, elles le sont.

– Sans penser.

– Sans penser à rien d'autre qu'à prendre des forces.

– Où se trouve la force que je prends?

– La force se trouve dans les aliments que tu manges non frelatés.

– Puis-je manger aussi les petits animaux? Je boirai leur sang, je planterai les dents dans leur cœur, je saisirai leurs reins.

– Tu les mangeras et tu les feras disparaître, tout disparaît, il ne reste rien. De tout ce que tu manges, il ne reste rien nulle part, il serait bien impossible de retrouver la moindre trace de tout ce que tu as mangé, mange, manger est faire disparaître.

– Je ferai disparaître les petits lapins, les petits moutons, les jolis canards et la grosse vache et le cheval et le petit de la vache et le petit du cheval et les petits poussins et les petits des canards et la brebis.

– Oui, et les plumes tu en feras de jolis coussins, les plumes tu ne les mangeras pas, tout le reste tu feras disparaître, sauf le plumage des oiseaux, tu poseras ta tête sur le plumage des oiseaux que tu serreras dans un tissu pour en faire un gros coussin moelleux pour reposer ta tête.

– Où passeront les petits canards?

– Tu mangeras les petits canards.

– Pourquoi mangerai-je tant de tous ces petits canards? Où iront-ils?

– Tu les mangeras avant qu'ils ne te mangent.

– Qu'est-ce que la faim?

– De la limonade, de l'huile, de la blanquette, de l'olive, de l'apéritif.

– Est-ce que je peux les embrocher pour en faire un collier et le mettre autour de mon cou ou au bout de mon bâton?

– Tous les aliments n'ont pas un trou mais tu pourras les trouer tous.

– Comment ferai-je un trou dans tous les aliments ?

– Tu les perceras avec une perceuse pour les aliments durs comme la noix de muscade.

– Tu les creuseras avec une cuillère pour les aliments mous comme la purée de pomme de terre. Ainsi ils auront tous un trou.

– Je les mettrai à un fil de coton ou de chanvre ou de fer, le fil je le nouerai et j'aurai un beau collier de bons aliments en collier. Les trous sont importants si je veux les mettre à mon cou, n'est-ce pas ?

– Oui, toutes les perles ont un trou.

– Même les perles les plus dures n'est-ce pas ?

– Oui, même les plus dures.

– Est-ce que ce que l'on me donnera à manger se mange ?

– Tout ce que l'on te donne ne se mange pas, sois guidé, sois clairvoyant.

– Si je demande à manger et que l'on m'offre à manger...

– Ne mange pas ce que l'on te donne à manger.

– Si, ayant demandé à manger, on m'a offert de quoi manger.

– Non, même dans le cas où tu aurais demandé à manger garde-toi de le manger, ce que l'on t'a donné peut être empoisonné. Si tu manges ce que l'on t'a donné à manger tu es l'ami de celui qui t'a donné à manger, et si ton ami est mauvais tu deviendras mauvais, et si ton ami est un poison tu seras empoisonné. N'accepte aucune nourriture, ce que l'on te donne à manger peut ne pas être mangeable.

– Dois-je écouter les conseils ?

– N'écoute pas tout ce que tu entends, les sons, les bruits, les paroles ne te nourriront pas.

– Si les sons courent, que fait l'eau ?

– L'eau coule.

– Est-ce tout ce que fait l'eau?

– Les animaux mangent, les plantes prennent le soleil, l'eau coule.

– Que font les plantes?

– Les plantes sont placées dans de petits carrés dessinés pour qu'elles ne s'échappent pas. Nous les regardons et les mangeons à loisir.

Cuire

– Est-ce qu'une femme peut faire cuire le pain que je vais manger?

– Oui, une femme peut faire cuire le pain que tu vas manger vêtue d'une longue robe bleue couverte de perles rouges et argentées dans les cheveux dans la nuit contre le feu.

– Le feu fait cuire.

– Oui, le feu est le seul qui sait cuire.

– La lumière cuit-elle?

– Non, la lumière ne cuit pas, seul le feu cuit, la lumière réchauffe lentement.

– La lumière change-t-elle les choses, les objets, les organismes, les vivants?

– Oui.

– À travers les nuages, les vitres, le plastique transparent, à travers la peau, l'eau, à travers moi?

– Oui, à travers tout ce qui n'est pas à l'abri du moindre rayon de lumière, les rayons de lumière ne proviennent que d'un seul point puis s'infiltrent partout.

– Peut-elle changer un escargot?

– Oui, la lumière fait l'escargot, du vent, du courant, du cinéma, des bulles, du son, du feu.

– Est-ce que cela comporte, est-ce que cela comprend, est-ce que cela préserve, est-ce que cela inclut, est-ce que cela conserve, est-ce que cela manigance, est-ce que cela prépare?

– La préparation est lente.

– Est-ce que je peux manger dans une grotte?

– Oui.

– Et si c'est la nuit et que je n'ai pas de lumière?

– Oui, tu peux aussi. Il n'y a pas besoin de lumière pour manger, même si la lumière de la lune est absente.

– Et dans l'herbe?

– Oui.

– Et dans un arbre?

– Oui.

– Dans une nacelle?

– Oui.

– Puis-je manger ce que les chiens et les chameaux mangent?

– Oui, les chiens et les chameaux mangent ce qui aussi bon à manger pour toi quand tu l'auras préparé.

– Le mettre dans l'eau et le mettre sur le feu et lui donner du sel et des goûts.

– Tu pourras manger ce que tu rencontreras. Quelquefois tu ne rencontreras plus de pêche sur ton chemin ni de brugnon, tu mangeras alors le poisson que tu rencontreras.

– Que font les animaux que je mange?

– Les animaux quand tu les as mangés, les animaux vivants resteront vivants en toi pour toujours.

– Comment un animal peut-il vivre toujours?

– Les animaux sont un groupe d'animaux qui se revivifie régulièrement continuellement pour continuer à rester toujours vivant.

– Mes goûts me guideront-ils dans l'enchevêtrement des poisons et des aliments de vie ?

– Non, n'écoute pas ton goût qui peut être pris dans un piège. Les hommes savent inventer des pièges pour le goût. Avant même de poser ta langue, tu le reconnaîtras, tu ne peux pas poser ta langue sur une chose avant de savoir ce qu'elle est. Le mieux est de t'en tenir à l'amitié.

– Comment ?

– Si l'homme est capable d'être un homme, s'il est capable d'être un homme, tu peux manger tout ce qu'il te donne, si tu vois qu'il n'est pas fait pour être un homme mais qu'il est là pour te voler, te baiser, te tuer, alors ne mange rien de ce qu'il te donne car un homme te donne son cœur en te donnant de la nourriture. Son cœur peut être pourri comme il peut être celui d'un homme. Tous les légumes se mangent. Les salés, les sucrés, les acides, les grandes feuilles, les petits pois, les petites boules, les longues tiges.

– Qu'est-ce que cuisiner ?

– Cuisiner est laisser tremper dans l'eau, cuisiner est mélanger et laisser tremper dans l'eau.

– L'eau d'un carré ne coule pas.

– Non, l'eau ne coule plus. Elle décante. Elle dort. Elle attend que nous nous y baignions et nous, nous attendons les beaux jours pour nous y baigner. Les plantes et les animaux sont dans de petits carrés pour ne pas qu'ils s'échappent, pour ne pas aller les chercher dans la forêt où ils se cachent à chaque fois qu'ils s'échappent à chaque fois que nous voulons les manger.

– Est-ce que je peux manger de l'herbe ?

– Toutes les herbes ne sont pas bonnes à manger.

– L'herbe est-elle un poison ?

– Certaines d'entre les herbes sont des poisons mortels.

– Comment les reconnaîtrai-je ? Qu'est-ce que la faim ?

– Tu mangeras tout ce que le monde a créé pour te donner la vie.

– Tout, ainsi que l'eau qui tombe du ciel et qui court dans les torrents et qui sourd de la source ?

– Oui, tout avec toutes les eaux que le monde n'a pas créées, que le ciel t'as cachées dans les rochers et dans le ciel plus haut que tes bras inaccessibles à tes bras, toutes les eaux cachées à ton regard qu'il te faudra retrouver dans les défilés, dans les bois, au pied des arbres.

– Ce sont là indications précieuses pour découvrir où se terre l'eau fraîche difficile à découvrir, l'eau cachée sous les pierres est l'eau pure ; l'eau qui s'étale à la vue qui ne se dissimule pas dans les roches dans les forêts, qui s'étale largement à la vue n'est pas l'eau bonne.

– Elle n'est pas bonne.

– Qui l'a donnée si ce n'est pas le ciel qui l'a cachée à notre regard pour qu'elle reste pure et bonne ?

– L'eau qui s'étale à l'horizon ne se mange pas, n'est pas l'eau mais la boue qui donne le sel jaune et les crevettes roses et les poissons argentés et la perle bleue et l'ours blanc. Tu iras par la mer comme tu iras par les graviers.

– Le monde crée Plantes & Animaux.

– Le monde crée Plantes & Animaux, le monde ne crée-t-il que des plantes et des animaux ?

– Oui, tu mangeras des plantes et des animaux, c'est tout ce qu'il y a dans le monde, c'est tout ce que tu mangeras, le monde ne sait faire que ça. Tu n'auras pas une infinité de choix pour prendre la vie et tu mangera des deux : des animaux, des plantes, des animaux, des plantes, des animaux, des plantes, des animaux, des plantes, des animaux, des plantes, des animaux, des plantes, des animaux, des plantes, des animaux, des plantes, des animaux, des plantes, des animaux, des plantes, des animaux, des plantes, des animaux, des plantes, des animaux, des plantes, des animaux, des plantes. Le monde entier n'est fabriqué que de plantes et d'animaux.

– Je ne trouverai sur mon chemin que des plantes et des animaux ? Le monde n'est-il fait dans toute sa grandeur que de plantes et d'animaux ?

– Et d'eau et de sel.

– Des animaux des plantes de l'eau et du sel.

– Comment parviendrai-je alors à séparer les plantes des animaux, à quoi les reconnaîtrai-je ?

– Tu les reconnaîtras immédiatement.

– Comment ?

– Étant droit et devant.

– Que se passera-t-il ?

– Placé droit devant, tu sentiras leurs odeurs.

– Je sentirai leurs odeurs ?

– Tes narines sont orientées vers ce qui se trouve devant toi en contrebas, sur une table ou sur un étal ou sur un arbuste.

– Tu n'as pas besoin de lever la tête ou de te baisser. Toutes les odeurs que tu dois rapidement sentir sont à la portée de ton nez si tu es bien droit en face.

– Ton nez est bien positionné, ta tête est bien proportionnée, le port de ta tête est droit.

Trouver

– Comment distinguer les plantes des animaux si le monde de ce qui se mange se divise en deux parties ?

– Les plantes ne bougent pas mais les animaux gigotent et remuent et crient des cris stridents et forts, les plantes se taisent.

– Mais tu ne regarderas pas les animaux vivants, tu regarderas les animaux morts, les animaux morts ne parlent pas.

– Les plantes sont vertes, les animaux sont marron la viande des animaux est violette mais tu verras des plantes de toutes les couleurs et des animaux tous rouges.

Mais pourquoi veux-tu les distinguer puisque tous les deux sont aussi bons à manger qu'ils soient des plantes ou des animaux.

– Je mangerai tout, je mangerai ce qu'il y aura ?

– Non, tu ne mangeras pas tout, seulement ceux que tu rencontreras et qui te donneront la vie.

– Tout se mange dans les plantes et dans les animaux ?

– Dans les plantes tout ne se mange pas. Les fleurs ne se mangent pas. Les fleurs sont belles et ornementales. Ce sont des poisons. Les plantes se décortiquent. Tu dois ouvrir la plante pour manger ce qui est bon à manger dedans et laisser ce qui est poison. Le bonheur de la plante est enfermé dans une petite boîte. Tu ne mangeras pas la boîte. Plus que tout ce qui se mange nourrit.

– Est-ce que tout ce qui se mange nourrit?

– Oui, tout ce qui se mange nourrit.

– Est-ce que tout ce qui se mange pourrit?

– Oui.

– Ce qui pourrit se mange?

– Oui, est aussi bon.

– Je peux manger ce que je veux?

– Oui, qu'est-ce qui t'est interdit pendant que tu te nourris?

– Pendant que je me nourris, je ne suis pas endormi, je ne suis pas évanoui, je ne ris pas. Si je riais pendant que je mange je m'étoufferais et m'étranglerais et je mourrais. Dis-moi quand je peux manger.

– Tu peux manger au commencement de la nuit, tu peux manger aux premières lueurs du jour. Tu peux manger entre la tombée de la nuit et les premières lueurs du jour. Tu peux manger toutes les cinq minutes, toutes les heures, toutes les fois que tu peux faire une pause, toutes les fois que tu as à manger, tout ce que tu trouves à manger, tous les jours ou plusieurs fois par semaine, simplement il te faut manger au moins quelques fois en deux ou trois jours, presque tous les jours, même plusieurs fois par jour, c'est encore mieux. Tu n'as pas besoin de manger tous les jours, tu n'as pas besoin de te soucier de manger chaque jour. Tu as de la vie. Tu saisiras l'occasion. Les aliments te donneront toute la vie.

– Pourquoi?

– Car ce qui est noir comme ce qui est blanc, ce qui est noir ou blanc est bon à manger en une fois, ensemble.

– Est-ce que ce que je mange me change, est-ce que je change suivant ce que je mange, est-ce que ce que je mange me fait changer comme ce que je mange, en ce qu'ils sont, que sont-ils?

– Mange-les.

– Je les mange?

– Oui, car ce qui est bon pour toi est bon pour ton voisin. Si tu manges le léopard tu deviendras le léopard que tu es, si tu manges la gazelle tu deviendras le lion que tu es, si tu manges du léopard tu deviendras le tigre que tu es.

– Que sont-ils?

– Ils sont la substance de vie.

– Que sont-ils? Que deviendrai-je?

– La vie est entre le blanc et le noir. Il n'y a pas de couleurs inconnues. Ce qui est pourri est bon à manger. Où sont les bananes, où est le riz? Les purées sont bonnes, toutes les purées quel que soit leur couleur leur consistance leur viscosité leur pureté leur odeur leur goût.

– Pourquoi mangerai-je? Qu'est-ce que la faim?

– La laitue a un temps qui passe et s'échappe, elle se perd, elle se gâte et n'est plus bonne. Le temps passe vite pour les aliments.

– Il faut les manger avant qu'ils ne disparaissent.

– Manger lentement avant qu'elles ne s'évaporent et disparaissent.

– En combien de temps disparaissent-elles?

– Elles disparaissent rapidement. Elles disparaissent en deux jours. Pourquoi manges-tu du chewing-gum, le chewing-gum n'est pas mangeable, il se mâche mais ne s'avale pas, mâcher n'est pas manger. Le chewing-gum ne te donnera pas de vie.

— Tout ce qui ne s'avale pas n'est pas mauvais à la vie, le chewing-gum me fait briller les yeux et me donne de la vie. Tout ce qui se mâche est sucé, tout ce qui est sucé laisse couler le suc, laisse couler avec la salive le jus, ma salive est bonne à manger et je l'avale. Sucer est manger un peu.

— Oui, sucer est manger le bon jus mais tout ce qui se suce n'est pas bon à manger. Tu peux sucer et mourir si le jus est ciguë. Mâche le grain rond du maïs en herbe.

— Sucer me fait saliver. Je suce ma salive, c'est la salive de l'homme, ce n'est pas celle du chien.

— Manger fait battre ton cœur et te remplit de sang.

— Je ne trouve rien à manger. Il n'y a rien à manger. Je ne trouve pas de ce dont tu parles.

— Tu ne cherches pas. Si tu cherches, tu rencontreras un gros sac de toile de jute rempli à ras bord de pois grillés et tu en mangeras une poignée. Ainsi tu auras et trouvé à manger et mangé.

— Seront-ils bons à manger?

— Oui, ils sont bons. Tu partiras plein de vie pour de nouvelles aventures.

— Est-ce que tout ce qui vient de l'homme se mange?

— Le lait de l'homme se mange comme le lait de tous les animaux, le lait des animaux est ce qui se mange.

— Je ne veux pas manger de l'homme, je ne veux pas manger de l'homme mon ami, je veux manger de l'homme mon ennemi.

— Pourquoi dis-tu de cet homme qu'il est ton ennemi?

— Car il m'a injurié, il m'a dit une injure et je veux le manger, je veux lui manger le bras.

– Tu ne mangeras pas les amandes amères ni les pépins des raisins ni le bras de ton ennemi, tu mangeras la pulpe des fruits et les cuisses et les entrailles des animaux.

– Si je mange ce que tu me dis de manger, que se passera-t-il ?

– Ainsi tu seras toujours heureux, tu ne te plieras pas de douleur, tu ne t'agenouilleras pas plié en deux de douleur, tu auras des selles dures et le ventre bien rempli, tu ne seras jamais fatigué et tu seras toujours fort et courageux, tu regarderas le jour sous un bon jour, tu auras de belles femmes, tu marcheras longtemps, tu auras les yeux brillants.

– Est-ce que je peux manger avec les doigts ?

– Oui, tu peux manger avec les doigts, avec les mains, avec la bouche, avec les lèvres. Tes mains sont des lèvres et ta bouche une gorge. Manger à pleines dents, n'oublie pas tes dents.

– Quel est l'instrument utile pour manger ?

– Il y a deux instruments importants, toi et tes dents. Toi, tu dois être vivant et affamé et en pleine santé. Tes dents, tu dois toujours les conserver vivantes affamées et en pleine santé.

– Comment ferai-je pour garder mes dents qui serrent si fort ?

– En les brossant à la brosse. En les brossant tu chasses les animaux qui s'approchent d'elles de trop près, sinon ils viendront et mangeront tes dents jusqu'à la dernière.

– Ce que je peux faire avec les dents, je peux le faire avec les mains. Tout ce que les dents écrasent peut être écrasé sous la pierre. Mes mains sont capables de tout écraser, de tout hacher, de tout mâcher, d'en faire de la bouillie. Pourquoi dis-tu manger avec les dents dans mange à pleines dents la vie que tu as prise?

– Pourquoi te servir de tes mains si tu as une bouche?

– À quoi serviront mes mains?

– À porter tes aliments à la bouche.

– Ne puis-je pas porter ma bouche aux aliments puis les aspirer? Ma bouche peut aspirer. Ne puis-je pas manger par un autre chemin, une autre voie que celle que tu m'as donnée pour voie? Par une autre voie que la pompe que tu appelles la bouche? Puis-je ainsi nommer la bouche la pompe?

– La bouche n'est pas semblable à la pompe, la pompe aspire et avale, la bouche ne fait pas qu'avaler, elle se doit de mastiquer, sinon, tu le comprends à quoi bon une poche en plus au bout de la trompe, sinon autant qu'elle soit une trompe qui aspire sans mastiquer. Il est important que tu mastiques bien les aliments avec les dents avant de les avaler, il vaut mieux que tu ne l'appelles pas pompe, tu risques d'en oublier de bien mastiquer. À ta question je répondrai non.

– Il n'y a pas d'autre chemin, je ne peux pas manger par les yeux, par le nez, ou par le cul, ou par les mains en faisant l'apposition des mains, cela suffirait-il?

– Non, ton cul, tes mains ne mangent pas. Tu peux manger par les yeux, par les bras, par le nez. Des yeux le liquide tombe dans le nez et du nez dans la gorge et de la gorge dans la bouche et de là dans l'avalement, tu peux laisser couler un liquide dans les yeux, un liquide fluide bien propre qui passe dans tes yeux et dans tes bras.

– Mes pupilles me nourrissent. Par les bras ce n'est pas avaler.

– Oui, seules tes pupilles nourrissent, il sera inutile de rester trop longtemps les mains appuyées sur tes aliments. Mets-les à la bouche dès que tu les as en main. Il faut bien que tu manges.

– Seul le gosier avale.

– Seulement le gosier, uniquement le gosier, éternellement le même gosier pour tous les aliments de tous les repas de toutes les demi-journées.

Toujours le même endroit du gosier, il peut prendre et encore prendre, c'est un morceau de gosier solide qui ne manque pas de courage.

– Parmi tout ce qui est, tout ne se mange pas, qu'est-ce qui est bon à manger?

– Tout se mange.

– Comment les reconnaître?

– Tu peux manger tout ce que tu veux. Tu mangeras ce que tu voudras en quantité que tu voudras à l'heure que tu voudras parmi tous les aliments variés qui se mangent.

– Comment les reconnaîtrai-je?

– Le lait est blanc, le lait de tous les animaux est blanc, le sang de tous les animaux est rouge, les plantes sont vertes, les animaux sont beiges.

– Je mange ce que le monde crée, toutes les choses créées dans le monde sont vivantes. Les objets ne sont pas vivants, je ne les mangerai pas.

– Non ne mange jamais d'objet.

– S'il est très petit?

– Non, même un tout petit objet peut te tuer si tu le manges en t'entravant. Tout ce qui est vivant ne t'entravera jamais et te donnera de la force.

– Tout se mange.

– Oui, tout se mange.

– Je peux manger ce que je veux?

– Oui, tu peux mélanger le purée sucré étalé rougeaud mouillé croquant cidre crémeux salé molle bleu cuite haché décortiqué sec.

– Une chaussure se mange-t-elle?

– Oui, si elle est en cuir.

– Un blouson, un chapeau, un lacet, un bracelet, une ceinture, un pantalon en cuir se mangent-ils?

– Oui, s'ils sont en cuir.

– Qu'est ce que le cuir?

– Le cuir est la peau de l'animal.

– Tout se mange?

– Tout se mange, la pisse avec le lait, le miel avec le gras, l'encre avec les oreilles, le sel avec les œufs, le paprika avec les œufs, tout se mange avec tout. La pisse, le paprika, le sel et le miel sont jaunes.

Tout se mange. Les animaux sont plus que les animaux. Les animaux te donnent diverses sortes d'aliments en dehors de l'animal.

Ils font du boudin, du boudin de sang, du sang, des œufs, des centaines d'œufs, des milliers d'œufs, des veaux, du miel, de l'encre, du gras, ils font des oreilles, ils font du chaud, de la pisse, des petits, des litres de lait.

– Je ne mange pas tout ce qui se mange.

– N'as-tu rien oublié?

– Qu'ai-je oublié? Qu'est bon à manger que j'oublie de manger?

– Tu as oublié de manger du poison.

– À quoi reconnaît-on qu'un aliment est un poison? Comment séparer les bons des empoisonnés?

– Les empoisonnés sont ceux qui n'ont pas été lavés.

– À quoi reconnaît-on qu'un aliment a été lavé?

– Avant de le manger, mieux vaut le passer sous l'eau.

– Il faut distinguer ce qui est l'animal de ce que l'animal lâche qui n'enlève rien à l'animal. L'animal reste entier quand il a donné ce qu'il sait donner sans se diminuer. Ce qui est produit par l'animal est bon à manger par tous les animaux. L'animal lui-même est bon si ce n'est pas un homme.

– L'animal d'un homme?

– Ce qui est de l'animal avec l'homme mais qui n'appartient pas à l'animal ni à l'homme lui-même, l'animal lui-même de l'homme s'il n'est pas un homme lui-même.

– Peut-on tout manger?

– Non, on ne peut pas tout manger.

Cuisiner

– Comment reconnaître la bonne de la mauvaise purée si je découvre pendant mon voyage une purée qui m'a servi comme un mets à manger?

– Toute purée est bonne, la purée n'a pas de forme et n'a pas de couleur. La purée sous forme de tas sous forme de boulette sous forme de cube sous forme de tartelettes et de pains. La purée mélangée à de la sauce verte, à de la sauce blanche à de la sauce rouge, à de la sauce orangée, à de la sauce jaune, à de la sauce noire.

– Que manger? Quand j'attrape l'animal et la plante, que dois-je manger dans la plante et dans l'animal?

– Tu l'ouvres et tu ôtes la peau.

La peau ne se mange pas, tout le reste se mange.

Tu ôtes la peau et tu le passes sous l'eau et tu le cuis et tu manges tout ce qu'il y a dedans

Tous les animaux ont une peau.

Toutes les plantes ont une peau.

Les champignons ont une peau, les aubergines ont une peau, les poires ont une peau, les chamois ont une peau, les autruches ont une peau.

– Qu'est-ce que la peau de la salade ?

– La peau des salades est la terre et les poux qui recouvrent les larges feuilles vertes saines du chou de la salade.

– Les peaux ne se mangent pas.

– On laisse la peau, on ne mange pas tout, on sépare la peau de ce qui se mange, la peau ne se mange pas.

– Pourquoi la peau ne se mange-t-elle pas ?

– Car la peau a beaucoup vécu et ne meurt pas quand l'animal qui la portait est mort.

– Oui.

– Au contraire, tout ce qui est en dehors de la peau n'a jamais vécu et est resté frais comme au premier jour. Rutilant. La peau a trop vécu pour être bonne. Elle est poussiéreuse.

– Je sais maintenant que je peux faire confiance à ce que je ressens par le parfum pour reconnaître les aliments qui sont de bons aliments.

– Non, ne fais confiance à personne, ton nez peut trahir, n'écoute pas ce qu'on te dit, tous ceux qui parlent peuvent te trahir et le nez être un traître.

– Ce qui pue serait bon, ce qui est délicatement parfumé être un poison mortel ?

– Oui, ce qui est mou, laid, puant, disgracieux, informe, à la couleur verte mélangée au marron, entouré de mouches et de poussières, à l'odeur exécrable est un des mets les plus succulents qui donnera de la vie pour des jours et des jours.

– Comment saurais-je que l'on me la sert pour être mangée et non pour la regarder ? S'il dit je te la donne, cela est à toi, dois-je penser qu'elle m'est donnée pour la manger ? Puis-je manger ?

– Tu peux manger ce qui n'est pas un poison. Tout ce qui se mange n'est pas bon à manger. Certains animaux sont plus difficiles à attraper et ce ne sont pas les plus petits et les plus vifs qui se gardent le plus de mourir, le buffle est difficile à chasser.

Le buffle est difficile à attraper ainsi que l'esturgeon.

– À quoi les reconnaîtrai-je ? Le verrai-je à leur forme, au moins à leur forme ?

– Les aliments, qui ont toutes sortes de formes, sont présentés dans des coupelles, sont mélangés mollement au fond d'une coupelle, forment une purée dans l'écuelle, forment un tas de mélanges de purées mollement installé dans l'écuelle.

– Le bananier, à quoi sert le bananier ?

– Le bananier fait des bananes.

– Y a-t-il beaucoup de bananes ?

– Oui, les bananes sont à profusion, elles tapissent le sol, tu trouveras toujours une banane.

– Sont-elles facile à ouvrir ?

– Oui, les bananes sont faciles à ouvrir et leur chair est bonne.

– Chez qui je peux manger ?

– Tu peux manger chez qui voudra te donner à manger si tu as faim.

– Et si devant, en face, l'odeur de ce qui m'est donné à manger dit que je ne dois pas le manger?

– Alors fuis à toutes jambes, chez qui tu es essaye de te tuer, beaucoup d'entre ceux qui te donneront à manger veulent te tuer pour te manger après, ils essayeront alors de t'empoisonner.

– Le nez est premier.

– Oui, fuis, et avant même d'entrer ton nez doit te prévenir d'un danger en détectant des traces d'anciennes odeurs des poisons déjà préparés auparavant.

– Dans le couloir, dans la cage d'escalier, dans l'entrée, dans la cave, dans l'immeuble, dans la cour, dès le hall.

– Oui, fuis, ne mange jamais chez ces gens-là, seraient-ils ta mère ton père.

– Qu'est-ce que c'est?

– Combien a-t-il de pattes?

– 5.

– Combien d'yeux?

– 5.

– Combien de pensées?

– 5.

– Alors, c'est un insecte, qui court devant toi.

– En mangerais-tu?

– Oui, j'en mangerais s'il s'arrêtait de bouger, si je réussissais à l'attraper et à le tuer et à le faire cuire.

– L'insecte est-il un animal?

– Oui, l'insecte est un animal, tu vois comme il bouge, comme il court vite.

– Est-ce que je peux le manger?

– Tu peux le manger si tu l'attrapes.

– Si je l'attrape et si je le cuis.

– Je vais l'attraper je vais le cuire.

– Je sais cuire : je fais du feu, je le mets sur le feu, il cuit et je le mange.

– Tu lui enlèves la peau!

– Merci, je dois partir, adieu. Que ferai-je durant mon voyage pour me nourrir?

– Mange, mange beaucoup pour prendre de la vie et devenir un homme. Pense à manger.

– Je mangerai les chameaux, miels, malabars, boulettes, thés, couronnes, purées, laitues, vinaigres, sels, andouillettes, fleurs de courgette, anchoïades, bananes, tartelettes, noix de muscade, crevettes, buffles, sucres, pains.

Textes

En plongeant un doigt dans l'eau puisée à la fontaine et transportée dans une bassine, nous sentons une sensation. Cette sensation est le froid. En plongeant un doigt dans l'eau de la bassine après l'avoir chauffée, nous sentons une autre sensation, cette sensation est le chaud. L'eau A, celle qui fut puisée à la fontaine, n'a pas la même température que l'eau B, celle qui puisée fut chauffée dans la bassine, l'eau B, qui est la même eau après a une température plus élevée que l'eau A, l'eau d'avant, la température de l'eau A, celle qui ne fut pas chauffée, s'élève quand l'eau A est chauffée parce que la température de l'eau puisée réchauffée s'élève. L'eau A est puisée à la fontaine. L'eau B coule d'une bassine, l'eau coule d'une pompe. La pompe pompe toute l'eau. La pompe puise. L'eau B s'est élevée, l'eau A s'élève. La pompe élève, puise, aspire, pompe toute l'eau. En plongeant un doigt dans l'eau. Le piston du corps de pompe remonte l'eau à travers la pompe, le levier de la pompe remonte le piston de pompe, le levier s'abaisse, le piston monte, l'air s'élève dans le tuyau d'aspiration, l'air aspire l'eau dessous l'air, l'air s'élève jusqu'à la sortie, l'air élève l'eau jusqu'à la sortie de la pompe. L'eau qui sort du corps de pompe est fraîche. En plongeant un doigt dans l'eau puisée à la pompe. L'eau sortie est potable. Elle est bonne à boire, l'eau A est fraîche, sinon elle est désagréable à boire, en plongeant un doigt, la sensation est celle de l'eau froide, l'eau B s'élève, la pompe aspirante aspire l'eau de la pompe, l'eau B s'élève, l'eau A est agréable à boire, l'eau est dans la bassine, l'eau est étalée sur la surface étendue de la bassine, l'eau reste dans la bassine.

Une douzaine de dindes

Sur les boulevards, j'entre chez (là le nom d'un grand magasin), je regarde les rayons (là les chiffres des prix affichés qui défilent), j'y découvre l'objet d'un souvenir, je pense à (là nom d'une jeune fille excitante), lorsque j'habitais à (nom d'une grande ville connue par la clientèle internationale évoquant quelque chose de grand et de sordide), et que nous eûmes une relation (ici descriptions érotiques).

Une vingtaine de moutons

Des milliers et des milliers de poules, de poulets, de poussins, de coquelets suivant le nombre de mois passés ici pour parvenir à terme (ici la description technique des stades successifs de la chaîne d'abattage et de transformation sur laquelle passent les poulets), transportés très naturellement, ils ne pèsent pas, avec une grande aisance (dans la chaîne, mettre l'accent sur les déplacements des parties mécaniques des machines dirigés vers le corps de l'animal).

Un millier de prunes

(Tel quel et sans un mot d'introduction), un caillou, deux grains de riz, trois carrés de chocolat, quatre graviers, cinq châtaignes, six pommes (et ainsi de suite, avec patience, afin de poser une série de choses choisies parce que facilement distinctes, ainsi que le sont les cailloux, progressant dans la série des nombres croissants régulièrement, sans en omettre un, au moins jusqu'à cent, ce qui est assez long et, à la lecture, assez rébarbatif).

Une centaine de porcs

(Là, pas une liste de noms), qui pour nous est descendu des cieux, il faut que ça pète ou que ça casse ou que ça dise pourquoi, a créé, a formé, a gouverné, a ordonné toutes les choses visibles et invisibles, il s'en faut de peu, il faut bien vivre, il faut bien vivre, nous attendons les joies du siècle à venir, il va y avoir du sport (ainsi que cela s'est fait, coupler en continu des litanies de formes toutes faites qui sont ce que sont tous les jours à la faille historique inoubliable, avec des répétitions, ainsi que cela se fait).

Une vingtaine de vaches

Une brusque envolée, se retournant brutalement, d'un coup sec, en un saut et dans un bond en retournant sur soi pour voir, pour chercher, en allant sauter et ressauter sans trouver, s'envoler, d'un mouvement encore possible, encore un peu plus loin (là, soudain, le bloc compact de la liste des résultats bruts serrés à la suite en caractères gras des matchs de volley-ball du championnat national de volley-ball japonais).

Une dizaine de tourterelles

(Parler d'autre chose) lorsque Mario arriva sur le pas de la porte, il remarqua son enfant (il ne savait pas qu'elle avait eu un enfant), il lui dit (elle ne l'avait pas vu), Bonjour Françoise, elle se releva (elle était en train d'enfiler un anorak à son enfant) et tourna son regard vers lui, elle sourit et répondit d'un Bonjour amical.

Un quartier d'orange

(Là, un roman policier, non, la conclusion d'une affaire judiciaire, d'assurance, non, de droit canon, non, un trouble, une hallucination, non, un cas rare médical, familial, non, médicamenteux, non, une raison sentimentale, non, une question de linguistique, de non-dit, non, une revue d'archéologie, non, de pornographie, non, un réseau politico-industriel, non, une simple résolution mécanique, non, un simple problème de présentation logique d'un fait pourtant simple.)

Deux cents poulains

Le son de trente trompettes poussant une note instable, puis créer une forme molle (expression d'une fatigue morale), telle que, les vivants baignaient, nagent, âgés, dans le bain, baignés, flottent (entrecoupé par la masse sonore de trente trompettes d'une seule note) (entrecoupé de la tombée d'outils métalliques) baignés, nagés, bainis, bougent, sages, en flottant à flot en lot en ot (entrecoupé par la tombée, de haut, d'outils métalliques) (entrecoupé du souffle de trente trompettes sonores) (entrecoupé du souffle de trente trombones sonores).

Un bouquet de fruits exotiques

On sait comment le bouquet est coloré (ici, les couleurs), combien les couleurs sont belles (ici, les couleurs), mélangées (ici, les couleurs), pourquoi les couleurs viennent à se mélanger pour nous plaire (ici, les couleurs), en un bouquet de toutes les couleurs (ici, les couleurs) (en avalant les mots, en les avalant à moitié, et pour finir en les avalant en entier).

Un cheval

J'entrevois (écrire quoi), la diction épelée de l'ensemble du discours assemblé sous l'effet de l'organisation administrative soudaine de l'instauration du protocole d'accord de l'administration du ministère de la communication, des affaires culturelles, et de la francophonie depuis les premiers jours de sa fondation (là les premiers mots de la lecture de l'ensemble du discours de l'organisation administrative soudaine de l'instauration du protocole d'accord du ministère de depuis les premiers jours de sa fondation).

Une orange

(Mettre un paquet de nombres), puis dire : les fragments d'écriture inscrits sur les papiers qui traînent essayent de cacher leur intime proximité (là, aller ramasser tous les papiers qui traînent), ils sont côte à côte, puis, dire : j'ai découvert une relation, ils sont liés, puis les recopier en les liant, sur deux lignes. En intercalant, toutes les deux lignes, les mots : au moins à moins (suivre la liaison des fragments liés toutes les deux lignes).

Une centaine de poulets

Une articulation, une saine et brutale réaction, le vif réflexe, humain, d'une centaine d'articulations disposées en ligne. L'opportunité à prendre, d'une réaction saine à la réalité. Une réaction rapide, articulée et non vague, de 100 poulets/jour. Abrégés par seconde, par heure, par unité, en vue de construire l'expression de l'urgence.

Je me promène.

La pensée est kinesthésique.

Une feuille, une feuille d'un arbre, une feuille d'arbre, la simple feuille d'un arbre, une feuille fine, une feuille d'arbre, fine.

Je me promène, le bus est parti, a démarré. Je le vois tourner au coin de la rue, il passe le coin, mais je sais que pendant qu'il passe le coin, un autre, à quelques mètres, je ne le vois pas, passe. Il a tourné le coin de la rue : je ne le vois plus. Je sais où il va aller et il va y aller.

Le flair à y être tant prendre part au flair resté entièrement sexuel.

Tant et tant. Tant à aller et si je vais j'irais bien dans cette direction-là, tant aller à l'aventure tant que d'aller

Je me promène

Un bus roule en même temps. Et pas qu'un ! Un autre roule en même temps. Et pas qu'un !

Ils ne vont pas tous dans le même sens. C'est honnête, c'est pendant que j'attends, c'est tout le temps.

Il va aller à Saint-Barnabé, il ira aux Trois-Lucs ; aux Trois-Lucs il fera une sorte de demi-tour, s'arrêtera, et il reviendra. Je ne le vois plus au coin de la rue mais je sais qu'il reviendra.

Il y en a plein qui roulent en même temps : je suis sûr que sur Sakakini il y en a un qui roule pendant ce temps ou alors aux abords ou arrive ou manque de tourner au coin de la rue entrer sur Sakakini. Il va arriver, il est sur le trajet. C'est un grand voyage !

Je me dirige dans cette direction c'est comme ça, c'est tant mieux je n'aurais pas voulu du contraire tant à aller

Je me promène

Sakakini, Le Jarret, Malpasse, Les Charteux, Les Chutes Lavie, Plombières, Salengro, Raffinerie, Abattoirs, Saint-Louis, Hanoï, La Viste, L'Octroi, L'Autoroute, N.D. Limite - N.D. Limite, L'Autoroute, L'Octroi, La Viste, Hanoï, Saint-Louis, Abattoirs, Raffinerie, Salengro, Plombières, Les Chutes Lavie, Les Charteux, Malpasse, Le Jarret, Sakakini.

La particularité des gens sans mains.

Faire l'amour traverse.

Les amputés des deux mains non accompagnés peuvent voyager sans titre de transport. Les amputés des deux mains ont le premier rang de priorité sur tous les fauteuils

Est facilement inexplicable, dans le sac, toutes les lettres

Je me promène.

Dans le jardin du Louvre.

Puisque tant pour une fois, puisque pour le flair alors pour une fois tant mieux si ça continue dans la direction prise.

Traverse, passe.
Passe, traverse : colle.
Cela reste entièrement largement volumineusement sexuel.

Le bain dans lequel
est la cervelle éponge
le bain s'émeut
mue et sent.
La sensation d'une idée.

Trie : non, ça, ce n'est pas vrai, ce n'est que de la poésie, c'est de la poésie qui sort de leur bouche ce qu'ils disent bien calé sur le ton. Trie : ce qui est là est vrai. Trie : connaître ce qui est de la poésie pour pouvoir prendre tout ce qui n'est pas de la poésie. On apprend à sept ans à savoir tout lire.

Je me promène

Tri
Tatamis
Tatamise

Regarder la route n'est pas nécessaire. Pendant marcher, les jambes ne bougent pas, tu ne bouges pas les jambes, tu ne bouges pas les mains, tu n'as pas à bouger les mains, tu ne bouges pas les yeux, tu ne bouges pas le dos, tu ne respires pas, tu ne penses pas, tu ne te dépêche pas, preuve que la pensée est transportable, peut se transporter, se faire plus petite, pendant les cahots de la route le déplacement, s'arrondir, elle se trouve un coin où se faire un nid de camp et tenir dans les déplacements.

D'avec quelle impression, lequel moment de le toucher
lequel
l'odeur, le flair sexuel l'a touché
quoi?

Je me promène

Je trouve un papier sur les fils de guidon de ma mobylette contre une statue dans le jardin du Louvre, à côté du grand bassin rond du jardin du Louvre, est inscrit sur le morceau de papier vert pâle : Le Grand Louvre – Je, soussigné nom Bailli prénom Radza qualité agent technique de surveillance, ai constaté les faits suivants : le 11 mars 1995, à 11 h 30, une mobylette Peugeot 9 007 824 HOL NAP était en stationnement irrégulier dans le domaine niveau bassin rond. Je m'approche du bassin rond, un poisson sort de l'eau et plonge, je n'ai pas vu le poisson, seulement le plongeon. Instantané, soudain, surprise.

Sans mains

Il est inutile de spectaculairement regarder à la route attendant une voiture à la ronde. Le chemin a à voir, quoi d'autre,
des roulements de tête, le allez ah.

Traverse ce qui dit que c'est encore couché sexuel c'est plus
tard

Dans un genre de lieu de campagne pour y aller en Autriche

Je me promène

C'est dans la profondeur des fibres des muscles que ça
s'agrée ou non

Un bouge. Je sais bien qu'il n'y en pas qu'un qui bouge en
même temps mais 552. Qui se déplacent en même temps
dans toutes les directions et que tous il vont aller et puis ils
vont revenir. Pour sûr ils vont aller et ils vont revenir. 552.
En même temps à tous les coins de rues traînent dans les
rues. Ils n'arrêtent pas, je n'arrête pas. Il n'y a pas que moi
qui suis en train, ils sont tous en train.

On est en pleine forêt.

Arrêté dans le bus, une nouvelle contravention de matin à
deux pas de la place de Lenche. Pas de ticket, pas de paie-
ment. Lorsque pensé un organe se met à bouger, elle fait
bouger

Un sentiment éprouvé par un des organes la possibilité de
donner l'épreuve sans que rien ne bouge, parce qu'il l'a
senti, parce qu'il veut dire si ça va l'idée, si ça lui tient à

cœur, l'organe dans l'ensemble, car, il, est dans un ensemble, les, tous ensemble, organes, s'organisent, pour donner un mouvement vers, il, se dirige pour que l'idée s'y dirige, ne reste pas seule, donne bien, ressenti, donne bien, est en écho kinesthésique, diront si l'idée est bonne ou agréable ou entière ou ronde ou circulante.

Je me promène

Tant mieux que, tant à aller au flair, en allant de faire attention, si c'est pour pouvoir continuer tant à n'aller qu'avec. Aller est aller à l'aventure.

Je sais lire, je sais lire toutes les phrases, je sais lire tous les livres, toutes les phrases sont dans les livres, je peux lire toutes les phrases.

Faire l'amour traversant et la peau ayant toujours la fleur. Que c'est beau venant de jours de forêts et de rues à ramasser.

Déposer chaque objet des sacs des sacs sur table de douane sur pas moins de cinq mètres, mes précieuses affaires. C'est tant que tant mieux, je vais alors par là, pour l'instant, je n'ai pas d'autres choix que d'aller par là même si ce n'est que pour, plutôt que de dire de rester le plus longtemps possible sans bouger, c'est vrai que l'endroit est bien, je vais y aller, tant à y aller tant à l'aventure sinon dans quelle direction.

Je me promène

Sol, que la fermeté t'accompagne

Des biscuits, des oiseaux, jusqu'à ce que l'humidité du sol remonte à l'arrivée de la nuit

Deux personnes sans mains

Benkaffouf dit que les gens sans mains se débrouillent bien avec leurs pieds.

De quel voyage parle-t-on, c'est de quel voyage qu'il s'agit, il y a eu plusieurs fois à l'arrivée en allant, on dit balader, on dit balade, on dit promenade.

Vu la quantité de sacs d'éponge à ramener en même temps, vu la grosseur de la pensée libre, vu l'importance que prend progressivement le disque visible de la surface du paysage en tournant progressivement

Je me promène

Je marche sur le pont aérien du métro pour chanter tout seul pour enregistrer une cassette avec le walkman pour envoyer à Zélia le bruit de la voix et le bruit du métro à cause du bruit qui fait en passant dans de la ferraille

Je n'ai pas à regarder le paysage, je crois.

La pensée lourde, l'approche, entièrement sexuelles.

Sexuelle est ample. Dans quel sens il marche quand je marche dans un sens, disons si je marche dans ce sens-là, c'est un exemple, si je dis je vais dans ce sens, dans quel sens il est lui, pour que je puisse dire dans quel sens je vais, je peux toujours dire que je vais dans mon sens, ou que je vais disons par exemple dans ce sens-là, mais cela n'aura pas beaucoup d'effet réalisable pour savoir vraiment dans quel sens je vais. Oui, bien sûr, les chemins font leur chemin, peuvent bien faire leurs chemins. Même à rallonge, à fleurs, à perte de vue.

Un dépossédé ne renie pas les restes qui s'apparentent à des travaux faits pour accumuler pour s'être laissé sans s'en apercevoir accumulé avec les restes et qui résiste à la fin pour ne pas disparaître comme un reste invivable insurpassable puis d'un coup par le chargement d'un virage soudain, les soudains font tout disparaître.

Surprend, prend des pâtes et du sommeil et du riz et en même temps prend
part à la participation synonyme. Du même coup il entreprend une démarche
de repousser et de pousser ce qu'il fait habituellement et alors qu'il regarde derrière lui pour voir où en sont les résidus et les restes il n'abandonne pas, il entreprend à nouveau ce qu'il a l'habitude de faire.

Il est démobilisé, il est mobilisé, il fait l'enfant de l'endroit, l'enfant qui a le droit d'être là, qui a le devoir d'être là, qui ne comprendrait pas qu'on ne veuille pas qu'il ne ressente plus rien de la douleur de rester encore jusque tard, il n'y a pas d'heure.

Mobilisé, démobilisé, saute d'humeur, pour reprendre ses mains, pour reprendre ses trous d'yeux aux mêmes endroits qu'il les avait gardé en entrant pour se ressouvenir d'un coup de quelle situation il s'était agi, il reprend par avance toutes les affaires qu'il avait entrées et données et distribuées à l'endroit. Il s'en est tiré par quelques efforts par quelques trucs qu'il ne sait plus au juste par quelle voie cela lui est venu alors à l'époque à l'esprit pour s'en sortir une dernière fois jusqu'à quand jusqu'à cet instant précis.

Rengorge, s'enfonce, se garde de répartir, se terre, ne laisse échapper que le morceau de temps qui est nécessaire pour se retrouver à l'endroit même plus stable, plus relevé, plus fini, le morceau de temps qu'il fallait réunir qu'il finisse résiste à la durée la durée des travaux du jour.

N'est pas né sans arrière-pensées pour infiltrer s'infiltrer dans le but
d'infiltrer les réalisations évanouies de son infiltration sera la réussite et la joie de sans même avoir eu la réussite de pouvoir prendre pied reprend
l'ascension par l'occasion qui est donnée qui est rendue une fois pour toutes
par le mécanisme continu de l'infiltration effectivement qui réussit à s'infiltrer.

Ou le passage d'un temps qui est un morceau de temps sera le passage qui
aura réussi de tenir la durée la lâcher une fois la durée passée, la durée est passée, est réussie est tenue, sentante durable, imperméable attenante elle
dura jusqu'au terme jusqu'à son terme fini.

Accaparer par la cohue de pouvoir immédiatement attraper à son insu par la

force de le soulever en le retournant en faisant le pari qu'ils se retrouveront pendant assez longtemps dans le même mouvement à l'endroit où l'on en
trouve encore qui sont à moitié remis avec le plus gros des troupes pour remporter le pari.

Suppose qu'un litre peut soutirer assez de substance vénéneuse à la pierre aspirante tenue par son poids simplement par aspiration contre les deux membres qui ne savent plus où se trouve la droite et la gauche par simple attachement de l'un vers l'autre à cause du poids d'une simple pierre ponce très légère.

Tout le choix se passe par un qui est un successif et général un qui ne se voyait pas, dont il n'y avait aucun moyen de le voir pendant qu'il se passe quelque chose, ce n'est donc pas un choix mais une simple valeur de celui qui y étant maintenu s'y maintient jusqu'à maintenant.

Sans compromettre les un des deux encrassés supportés portés disparus mais simplement remis de sans violence à leurs une ou deux ou trois places jointes
se redonnent conjointement le courage de poursuivre sans qu'un seul ait eu la moindre pensée de s'arrêter plutôt que de continuer le plus naturellement ou le plus efforcément possible.

N'apporte rien jamais rien en plus, laisse exactement le champ en l'état,
n'apportera rien de mieux, c'est juste s'il tient à avoir le temps de se réunir et de fuir le plus vite possible, sans jamais

mentir, est le porté lui-même sans raisons une fois pour toutes et un son à foison.

Est la règle de celles qui ont été choisies en connaissance de cause et qui ont fait preuve de décision dans le fait d'avoir décidé que qui a formé la dernière décision d'une règle juste avant son affectation.

Ont remis des verres, ont remis des gaines, ont remis des embouts, ont remis
des sécurités, ont remis du rembouchage, ont remis du feutre, ont remis les pinces, ont remis le calfeutrage, ont réinstallé les cabines et les voies et les tracés et les tirettes, ont replacé les segments, il reste juste à partir d'aujourd'hui de recommencer comme il était fait auparavant mais dans le
neuf dans le neuf.

Le Train

Le petit train roule dans la campagne

Je ne vois pas, non, je n'en ai pas la moindre idée.

Le train circule librement

Je ne me le cache pas, je ne me cache pas, je n'ai pas à me cacher. Je ne me cache pas que je me suis mis là, je ne me cache pas que je n'ai pas de couchette. Je n'ai pas de couchette. Je ne me suis rien caché. Je ne me le cache pas, je ne suis pas à cheval, je ne vais pas me cacher. Je suis bien dans mon fauteuil.

Des roues à côté des roues, des roues devant, des roues par quatre

Je ne nie pas. Ai-je nié? Je ne voudrais pas avoir nié. Je n'ai pas nié et je ne le nie pas et je ne le nierai pas. Je n'entends pas tout. Simplement, n'ai-je pas entendu une bonne partie? Je ne nie pas. Je n'ai jamais nié. Je ne m'ennuie pas. Je n'ai pas idée.

Que la queue du train accrochée à la tête d'un wagon, que les queues des wagons aux têtes des wagons. La chenille faisant son chemin

Je ne manque pas, je n'en veux pas, je ne m'en veux pas, comment m'en voudrais-je, je n'ai pas manqué de me le dire chaque fois, je n'aurais pas manqué de me le dire. S'il avait fallu, mais je ne m'en veux pas. Je n'en oublie d'aucune sorte.

La machine de la turbine dans le train pousse le train à vive allure

Je ne suis pas sur un poney, je ne suis pas sur un mulet, je ne m'en veux pas, ce n'est pas grave, je me dis que ce n'est pas grave et que ça ira, je ne me plains pas, j'ai les mains, je ne geins pas, je ne suis pas à pleurnicher, je ne suis pas un geignard, je n'ai pas de jument, voilà tout.

Le train fonce tête baissée dans le paysage

An un. Je puise. Je ne m'en éloigne pas. J'annonce le premier an. J'en annonce son instant un. C'est à l'instant un de l'an un. Je me suis mis dans l'an un d'un an un et j'y puise. Ce n'est pas mon anniversaire, je ne renverserai plus, ce qui ne peut plus se faire maintenant, je n'ai renversé personne, je ne mens pas.

Le train pousse, pousse loin, reprend le dessus

Je n'oublie pas, je n'ai pas annoncé, je n'annonce pas, comment l'aurais-je annoncé, je ne le savais pas, je ne pouvais pas le savoir, je n'ai pas entendu, je n'ai pas pu l'entendre, je ne l'ai pas annoncé, je ne l'avais pas entendu. Je ne m'en éloigne pas, j'enfreins, je n'enfreins pas. Je n'aimerais pas enfreindre.

Le train frappe un nombre de coups, le nombre de coups qu'il veut

Je ne me malmènerai, je n'ai pas l'intention, je ne vais pas me malmener, je ne malmène. Je suis avec moi, je melline, je flâne, je me mêle, je fais mon miel. Je ne me suis pas mêlé, je ne me mêle, je ne m'en mêle pas, ce n'est pas et ce ne sera jamais mes affaires. Une fois que j'ai dit que je ne me malmènerai pas.

Le petit train se déplace dans la campagne. Je suis dans le petit train. Le train se déplace dans la campagne

Je ne me vois pas. Ce n'est pas moi. Je ne vois pas moi. Je vois le paysage. Je ne vois pas, je ne me voile pas. Je ne me suis pas vu. Je vois je suis je regarde je me suis du regard. Je n'ai pas eu à me voir, je n'ai pas voulu me voir, je ne vois pas. Je n'ai pas été voilé, je n'ai pas voilé, je ne voile. Je ne suis pas dans le noir. Je me vois et le paysage derrière le rideau.

Le petit train rouge roule sur le gravier. Le petit train roule dans le bas-côté

Je ne néglige rien, je ne suis pas négligent. Je ne néglige, je ne me suis jamais négligé, je suis ma chance et mon étoile soignées, je n'ai pas la guigne, j'ai tout ce qu'il me fallait, je n'en ai pas rajouté, je me suis occupé, j'ai mes affaires avec moi, mes denrées, ma dose, ma fatuité, je suis assis, je me suis mis là. Je n'ajoute pas moi. J'ai maintenant assez emmagasiné. Je ne néglige rien. Maintenant, je m'emmène en vacances.

Le train est avancé

Je ne me le voile pas, je ne me suis pas voilé, je ne me le suis pas voilé, je n'ai eu vu, je n'ai pas eu à le voir moi. Moi je ne l'ai pas vu, je ne le vois pas, je ne me le suis pas voilé, je ne me voile, je n'ai pas voulu me voiler, je ne me cache pas, je ne me suis pas mis sous un voile, je ne suis pas sous un voile, je n'ai pas dit non. Je ne me le demande pas, je n'ai pas à me le demander, je ne me dis rien, je ne me demande pas, je n'ai rien à me demander et je ne demanderai rien.

Le petit train se dirige automatiquement vers tout droit

Je ne m'ennuie pas. Jamais je n'aurai eu d'années. J'ai des années. Je n'ai pas pu avoir tout entendu. Je n'entends pas. S'entendent des mélodies mélodieuses. Une mélodie qui ne finit pas. Je ne me niche. Ne me signale, ne me signe, ne m'accuse, n'accuse personne, je ne sais pas moi-même. Je ne vais pas accuser une personne que je ne connais pas. Je n'en jurerai pas.

Le petit train prend le virage, le train aussi long dans le virage

Tant mieux je n'ai pas nié, je n'aurais pas dû, si j'avais nié je n'aurais pas pu me raisonner, je ne me serais pas raisonné et j'aurais tout nié. Je ne suis pas dans la nasse, je n'y entre pas, je ne suis pas, je ne sais pas nager dans la nasse. Je n'ai pas de destin, je ne suis pas dans la nasse, je n'ai pas de nasse, je n'ai pas nié, je n'ai pas vu de nasse. Il serait beau que j'atteigne à l'heure l'endroit où je me mène, j'aimerais l'atteindre, je ne sais pas si je l'atteindrai.

Train court, train long, train arrêtera de rouler

Je ne m'étonne pas, cela ne m'étonne pas, cela ne m'étonne pas de ne pas avoir d'étonnement. Je ne suis pas étonné. Je ne filtre pas, rien n'est filtré d'ici là, alors cela ne m'étonne pas, je ne vais pas faire l'étonné, cela ne m'étonnerait pas, je ne filtre.

Le train passe. La force articulée tracte la carcasse, la puissance d'articulation des rails

Daignes-tu emporter un peu moi, et je daigne. Daignes-tu prendre avec moi, le peu de ce me le et si je n'ai pas à daigner et je veux bien daigner et je daigne si tu veux. Je ne vois pas pourquoi je m'emporterais avec moi. Si je n'ai pas à daigner. Ce n'est pas emporter qu'en parler, je me parle quand je veux, je ne m'emporterai pas, je m'envoie balader.

Le train freine

Flâner n'empêche pas de voir venir par la fenêtre, n'empêche de venir en dessous, sous les barrières, de voir sous la voie sous les rideaux, de voir venir des mas des fleurs des champs, des lignes, ni de voir, ni de se voir, ni d'avoir le plafond.

Le train traîne, trotte, trottine

Je ne déforme pas. Je ne me déforme pas. Cela n'a pas eu
l'effet de me déformer. Je ne me suis pas déformé sous les
effets, je ne me déforme pas. J'ai la forme que j'ai, elle ne se
déforme pas sous l'effet du non-mouvement de mes hanches
et de mes jambes, sous l'effet du mouvement de ma nuque.
Cela est une bonne chose. Je n'ai pas la peau des joues qui
se déforme, déformée sous l'effet des déformations des sus-
tentations des endroits en pente. C'est bien, ce n'est pas
déplacé. Je reste entier, c'est heureux.

Le train de rames glisse sur les rails

Je ne m'ameute pas, je n'ameute pas. À quel moment je
m'ameuterai ? Je serai prêt, au moment où nous nous ameu-
terons, il faudra s'ameuter, mais pour le moment, il n'y a pas
à s'appeler, je n'ai pas entendu l'appel. Je ne me rameute pas
pour l'instant, je me laisse vivre, je n'entends pas, il n'est pas
temps d'ameuter, je ne vois pas le moment venir, ni que je
me mette à ameuter à tort et à travers, je ne m'ameute pas.

Trois sortes de moteurs à train

Je ne suis pas médisant, je ne dis pas que je ne sais pas, je
ne fais pas une niche, je ne feins pas, je ne feignais pas. Je
n'ai pas utilisé je ne pour ne pas m'en souvenir, je m'en souviens, je ne vais pas dire que je ne me souviens pas, n'est-ce
pas. Je ne mens, je n'ai pas feint.

Tarte, tarte tatin

Je n'ai pas mis d'oreilles à mes oreilles, ni d'yeux à mes yeux, ni d'œillères à mon cheval, ni de selle à mon dos, ni armé mon bras, j'ai chaussé des chaussures et je m'en contente. Je ne vais pas à cheval, si j'allais à cheval j'irais vite en chahutant, je ne chahute pas, tranquillisé, j'ai dit adieu à mon cheval, je ne m'attends plus à de nouvelles surprises. J'ai, je n'ai pas dit, j'en ou je n'en dis pas moins, je ne vois pas plus loin. Je n'ai peut-être pas dit je ne mais je ne vois pas, non, ce que j'aurais dit en plus. Je n'ai pas entendu. Si j'avais entendu je le saurais.

Des roues, des rouges, des rouages, des routes

Je ne suis pas une anémone courant dans le courant des flots. Je n'ai pas dit à l'anémone, je n'ai pas pu, je ne sais pas ce qu'est une anémone, je n'aurais pas pu lui dire, je n'y aurais pas pensé, je n'y pense pas, je ne suis pas au courant, je ne suis pas dans le flot, je n'ai jamais été un anémomètre non plus, je ne suis pas là pour mesurer le vent, l'anémomètre mesure le vent, je ne me mesure pas, je sens le vent de la rigole de l'aération au-dessous de la fenêtre fermée, je ne peux pas mesurer tous les mouvements de l'air des aérateurs de tous les trous par où passe l'air.

Le train passe vite, que le train glisse, passe vite, ne se retourne pas, s'en aille, course

Je n'ai pas attendu, je fus embringué, je ne me suis pas embringué dans le rouleau, le rouleau m'a embringué, je ne me suis pas laissé embringuer, je sais ce que ce faisait, je savais le faisant, je me suis embringué, je suis embringué maintenant, je suis bien embroché dans le circuit de feux et alarmes qui protègent, dans les horaires à la seconde et minute près de la signalisation et de la veille, automatique, quand la main ne manipule plus la manette, quand la tête penche trop, l'alarme peut sonner. Aucune alarme ne sonne.

Les moteurs électriques et les moteurs thermiques. Et le moteur du tracteur

J'ai eu des années pour m'anneler, de nombreuses années, de très nombreuses années. Je n'en dors pas, je ne m'endors pas, je ne dors pas, je ne suis pas endormi, je ne me suis pas endormi, je ne vais pas m'endormir. Ce je sonne. Ce je ne sonne pas. Je suis digne, moi. Je ne suis pas indigne. Puis je suis arrivé à m'anneler.

Un attirail prêt à tirer

Je n'ai rien à manger. Est-ce que j'ai une denrée alimentaire? Non, je n'en ai pas. Je n'ai rien mangé depuis une heure. Je ne mange pas depuis une heure, je ne m'ennuie pas. Et je n'ai rien à manger. Je ne m'en veux pas, je ne vais pas me manger, je ne me mange pas pour ça, je ne me dévore.

Trame, le train glisse la rame sur rails. Le train fonce

Je n'ai pas le dessein de m'annuler, je ne me destine pas. Je n'ai pas pu tout noter, j'aurais pu noter mais je ne note pas tout, pas de notes ne me destine pas plus, ni moins. Je n'aurais jamais eu assez de notes, je ne donnais pas assez de moi, peut-on dire. Je ne vais pas m'annuler. J'ai mes annuités, je n'ai pas à m'en plaindre, ça a été une assez bonne année.

Petit train, cordon, chapelet, capulaire, petite ceinture, un couplet, un wagon

Je n'entonne pas, je ne me sens pas d'entonner, je ne suis pas là à me détourner, je ne me dégoûte, je tiens les tenants et aboutissants. Je ne me suis pas fait emporter, je ne suis pas emporté. J'emporte le train avec moi. Je n'ai pas été emporté par le train, c'est je le prends pour qu'il me porte, c'est j'ai pris pour qu'il me porte, je prétends qu'il me porte.

Le train prend son rythme, le train ne sait pas qu'il prend un rythme

J'ai fait le plein, avant, j'ai eu mangé. Je mangeais, avant, ce qui fallait pour ne pas sentir la faim pendant la longueur du voyage. Je n'ai pas mangé, je n'eus pas faim, j'ai fait le plein. Je n'ai pas faim, maintenant. Je ne devine pas, je ne sais pas deviner. Je mangeai, avant. Je ne me mouille pas, je suis allé trouver à manger en allant voir où ayant mis mes affaires avant à cet endroit. Je ne pouvais pas deviner, je ne vais pas deviner, je ne sais pas deviner. J'ai assez mangé, je n'aurai pas besoin d'aller trouver à manger, je fais bon voyage. Je ne mâche pas. Je ne me mâche. Je ne devine pas, je prône.

Des traits nombreux et vifs, transportés

Je n'ai pas attendu pour neutraliser mes envies de manger. Je n'attendais pas, je ne me suis pas attendu pour, je n'ai pas attendu ni pour neutraliser ni pour manger. J'ai mangé. Je n'aimerais pas m'attendre des heures, des jours et des nuits, où m'attendrais-je, pendant des heures, pendant des jours, je n'aurais même pas où m'attendre. Nulle envie de neutraliser la faim en mangeant. En mangeant une de mes denrées qui m'entourent portées dans un de mes sacs de bagage qui s'y trouvent.

Chevauchement saccadé, doucettement saccadé

Moi qui n'ai emmené qu'un bagage. Mais moi qui n'ai qu'un sac pour voyager. Il n'y a qu'un bagage qui m'appartienne. Je n'ai emmené qu'un bagage, c'est un sac. Où on ne trouve qu'un menu fretin, menues miennes, et mon amabilité. J'empaquette, je porte, je range, j'emmène, je ne fane pas.

Le train grand long bruit

Je ne triche, j'avais envie de ne pas tricher, non de me cacher, de me nicher, de fouiner, de tricher, je ne me niche pas, je n'ai ni niche, ni cachette, ni douche où me nicher, je ne me niche pas, je ne suis pas une niche, je ne me douche pas, je ne louche pas, je ne me vois pas loucher, je ne me vois pas me nicher, je ne me suis mis dans la niche, je ne louche pas, je ne me vois pratiquement pas, je ne triche pas, je n'ai pas voulu tricher, loucher, je me douche. Je ne mélange pas.

La rame est la charnière le roulis est le bruit

En mangerai-je, est-ce que j'en mangerai, j'en mangerais si on m'en proposait, on ne m'en propose pas, je n'en mange pas. Je pourrais m'en proposer, même de temps en temps, à manger, de ces denrées dans mes bagages, qui se mangent, cela ne ferait de mal à personne, pour voir comment je réagirai. Mais réagirai-je de la bonne manière?

L'arrière du train arrive aussi vite que l'avant du train

Les lieux confinent à peu de choses, j'en sortirai vivant, à l'instant le lieu confine à peu de choses, un peu de je, un peu de fauteuil, un défilement, un bois, une embuscade. Je ne mentirai pas. Je ne l'entendrai pas de cette manière. Je ne verrai pas. Je ne mangerai pas. Je n'en mourrai pas.

Taraude, rôde, lourde, il, le train

Je n'ai pas dégouliné, je ne vois pas pourquoi je dégoulinerais. Je ne dégouline pas, si je dégoulinais, je m'en rendrais compte, alors, immédiatement, le porterais à ma conscience et ma conscience se produirait et je réagirais, je boucherais.

Le train, lui, ne monte pas comme un funiculaire, le train, lui, ne change pas de direction

Je n'ânonne, je n'ai pas deviné, non, je ne devine pas, j'ai ma poterne et mon plafonnier, c'est de la bonne manière, il n'y a pas à en demander plus. Je ne rechigne pas, je garde les plafonnier et poterne qui m'appartiennent, je garde mes poterne et plafonnier, je suis le chevalier de sa majesté, j'ai un siège, installé personnellement, je ne lanterne, je ne lambine, je ne lésine pas, je ne vais pas lésiner, je ne lésine. Je ne rechigne pas. Je ne vais ni me perdre ni m'en aller, ni m'alarmer, ni sonner. Je suis prêt. L'honneur sauf, les cheveux saufs, les yeux saufs, les oreilles, les couilles sauves, je ne rechignerai jamais, je ne m'affinerai, je suis prêt.

Le départ, Départ

Je ne fais pas l'aumône. Je me suis installé dans la salle. Je ne demande pas. Je suis bien. Et n'ânonne, et ne mâche et n'encolle. J'ai entendu ce qu'en son temps son temps en parlait. Je ne transporte pas de denrées. Je n'ai pas à faire l'aumône, je n'ai pas de cheval qui chevauche, ni de poulain et pas plus de jument. Je suis parti en prenant mon bagage et montant. Je n'ai aucune denrée avec moi, ce serait méprise si je me disais transporter des denrées, je n'ai pas de denrées, je ne sais pas ce qu'est une denrée. Je suis monté, j'ai punché. Je n'ai pas pu monter punchant à l'emporte-pièce éveillant tous mes sens regardant dans toutes les directions.

Une clôture, un troupeau et la rame passe et le train tire

Je me peigne. J'ai mon peigne, je suis peigné maintenant, je me suis peigné, je n'étais pas bien peigné, je sais me peigner, j'ai bien peigné, je me suis peigné, j'ai bien fait de me peigner, je suis bien peigné maintenant je pense, je pense je me suis assez peigné maintenant. J'avais à me peigner. Peut-être avais-je vraiment à me peigner. Mais je me peigne, je suis peigné.

Le petit train gravit les ponts, les pays et les marches

Je ne me tache pas, je ne me dégouline dessus, je n'ai pas taché, je n'ai pas de taches sur mon pantalon. C'est tant mieux. Si j'avais une tache ce serait un malentendu, il y aurait une miette, je n'aimerais pas avoir une tache ou une miette, je n'en ai pas plus que ça, je m'empêche de me trop dégouliner dessus, j'ai une attention, je m'en sers, je suis attentionné, je n'aime pas me voir dégouliner en tachant mes vêtements, j'ai des vêtements. Ils me doivent bien de rester en l'état même si je mets en entier en pliant en les écrasant, en m'écrasant, en m'étalant sur eux que je les écrase si je veux sous moi en me mettant. Je ne vois pas avec quoi je me serais taché, je n'ai pas dû me tacher. Je n'emporte rien.

Le train poursuit sa course à travers le pays à vive allure

Une amitié, une longue amitié, une très longue amitié. Je n'ai pas bien mis mes pieds. Je n'ai pas bien installé ma nuque, je ne mettrai plus ma nuque là, je mettrai ma nuque ailleurs, je mets ma nuque là, j'ai mis ma nuque là, je n'ai pas mis ma nuque je ne me souviens pas avoir mis ma nuque à l'endroit qui est dit, je n'ai pas à mettre la nuque droite.

Et les crochets qui accrochent les wagons, derrière, qui n'ont pas de wagons à accrocher

Je ne m'annelle, je ne m'entourne pas, je ne suis pas mieux, je n'ai pas l'intention d'être mieux, je ne me masse, je ne m'embrouille, je ne mélange pas les matières des compartiments, les moquettes, les recouvrements des coffrets, des tablettes, des appuie-tête, des plafonds, des plafonniers, je vais bien, je n'irai pas mieux, je ne vais pas m'anneler, je ne m'annelle pas, je ne vois pas pourquoi je m'annellerais.

Une cascade de trains

Je ne suis pas idiot, je ne suis pas agneau, je ne suis pas agnelle, je ne suis pas agneline, je ne suis pas boudine, je ne suis pas bouclette, je ne suis pas dodine, je ne me résigne pas, je ne suis pas résigné, je ne me résignerai pas, je ne vois pas de quoi je me résignerai, à quoi me résignerai-je pas, je ne sais pas ce qui veut me résigner, je ne suis pas un résigné, je ne me résigne pas : je glane, je n'attends pas, j'attends, je fais dodine, j'attends, je glane, j'émane, je pousse dans mon domaine, je ne veux mentir, mais je ne veux me résigner. Je ne fais pas des mouvements au gré des mouvements du vent.

Le train roule à la même vitesse que le siège

Je ne vais pas m'en étonner et je ne m'étonne pas, ce n'est pas étonnant, je ne me mets pas sur le côté, et je ne m'en étonne plus, on est bien installé et on ne cogne pas, je ne me cogne pas, je n'ai pas été cogné systématiquement, je ne cogne, je ne bugne, je ne veux pas me donner des bugnes, je ne me bugnerai pas, je n'aimerais pas être cogné, des beignes sur moi, des bugnes sur moi, moi qui me cognerais, je n'aimerais pas. Si je me cognais, je ne ferais pas l'étonné.

Comme une lourde flèche, le train passe au travers de la plaine

Je n'ai pas entendu, aurais-je entendu je n'aurais pas pu faire celui qui n'entend pas, et j'aurais bien évidemment réagi immédiatement, mais je n'ai pas entendu. Je n'ai pas médusé, je ne reste pas là à me méduser, je ne méduse. Ce n'est pas de l'anémie. Je ne crois pas que ce soit de l'ané-mie. Je ne nie pas. Je n'ai pas de bouquet d'aménités et d'anémones à l'encontre de mes avis, de mon opinion, de ma vie, de mon songe, du monde. Je ne méduse, je ne mens, je ne nie, je ne noie. J'ai pas de l'anémie. Je n'ai pas emma-gasiné d'anémie. Je ne m'arrête pas une minute, je chemine à tout moment, je ne m'arrête pas une minute ou deux, je ne vais pas ralentissant.

Le long petit train rouge marche. Il est en marche

Je vais m'être agréable. Je vais être aimable pendant ce moment avec moi. Je ne vois pas pourquoi je ne me serais pas agréable ni aimable, je ne veux pas m'ennuyer, je ne veux me navrer et me plaindre envers moi de je ne sais quoi. Je vais m'attendrir amplement, je m'attendrirai largement et amplement. Je ne m'en veux pas, de quoi m'en voudrais-je?

Le train ne respire pas

Je ne nage pas, je ne suis pas nagé, natant, à la nage, nageant, à la nage, j'ai tout ce qu'il fallait, je n'ai pas oublié, j'ai fait mon sac pour voyager, je ne serais pas mécontent, si, la nuit, le voyage continuait, je n'en suis pas sorti, je suis content de n'en être sorti durant la nuit, j'y suis et la nuit y est aussi, y allant. Je ne me ménage pas.

Le train tire et tracte et articule. Le long glissement

Un moment dans le sable sans moi, je ne mens pas, je ne me mets en boîte, l'endroit qui m'est imparti sera l'endroit où je m'entourerai, où j'entreposerai tout entièrement ce qui est moi. Un moment, le sable sans moi, je ne suis pas avec le sable tout le temps, je ne suis pas ammophile, cela restera ainsi un moment. Je ne suis pas le conducteur, je ne suis pas conduit, je ne conduis pas.

C'est le glissement, c'est la voie de chemin de fer, c'est le jour, c'est la vie sur la vitre

Je ne veux je ne veux pas je n'ai pas d'aménité je n'ai pas d'ami je n'ai pas d'animosité je n'ai pas d'animaux je n'ai pas un animal avez-vous un animal je ne me suis pas animé d'un animal je ne suis pas inamical je n'ai pas d'ami compagnon gentil compagnon d'animal est-ce votre animal s'il y a un animal ce n'est pas mon animal je n'ai pas d'animal je ne suis pas accompagné d'un compagnon je me suis amical, je me dis mon ami, je me suis dit je me serai agréable.

C'est un train de loupiotes

Je sens normalement pour un homme, je suis enfoncé dans le même fauteuil depuis un même moment, comme être humain qui transmet s'est assis, s'est peloté, s'est ramassé et émane. À notre façon. Je ne m'en veux pas de sentir, je ne m'en veux pas d'émaner. J'émane une odeur fétide. Surtout à l'endroit des tissus du dos et de là vers les tissus du dos. Je ne m'empuantis pas plus que nombre d'autres hommes de nos genres. Je ne sens pas mauvais au point où d'autres pourraient dire je sens mauvais, je n'ai pas senti, je ne me sens pas sentir particulièrement mauvais, je ne me sens pas sentir particulièrement bon, mais je ne m'en fais pas car c'est le notre voyage.

La locomotive prend le virage la tête en virant en penchant par-devant le côté

Je ne suis pas mignon mais je m'habille, je m'habille, je suis mignon, mais je suis couvert, et je n'ai pas froid, c'est agréable de ne pas avoir froid, je suis bien habillé, je suis bien couvert, il n'est pas nécessaire de me palper, de fouiner, de me regarder comme ça, je ne ramène rien. Je n'ai pas à me magner à la douane. Je me sens anodin avec les douaniers.

Les fenêtres sont fermées, les roues sont sur les rails, les turbines tournent, le carrosse cahote, le voyage

J'avais envie de manger, j'ai eu envie de m'entraîner, il n'y a pas de honte à ça, c'est une flânerie, il n'est pas mauvais de flâner, je ne vais pas me pendre, je ne me punis, je ne me cuis, je ne me tance. Je ne peux pas m'entendre me dire que je ne devais pas me laisser entraîner à flâner pendant le voyage lorsque j'ai eu envie de m'entraîner à flâner, comme j'avais eu envie de manger, il est vrai qu'alors j'avais mangé, je ne m'en souciais guère.

La voie est carrossable, le train est carrossable, une voie, un train, un carrosse

Je n'ai pas rapiécé. Je ne vois pas ce que j'aurais rapiécé. Je n'ai pas eu le temps, je suis peut-être trop lent. Je ne me rapporte pas. Je n'ai pas à me rapporter tout ce que j'entreprends. Je n'ai pas de rapport à entendre, je n'ai pas de rapport à conserver. Je ne m'en prendrai pas à moi, pour qui je me prends. Je n'en ai pas envie, l'affaire est belle. Je n'en veux pas, quelle qu'en soit l'importance, je lui donne assez d'importance depuis assez longtemps, je me suis déjà pesé, je n'ai pas besoin de me peser, je ne vais pas me peser à tout moment, je ne veux pas peser systématiquement, je ne pèserai pas plus.

Les roues en fer, les fontes, les fers, les poutres, les carcasses, les poutrelles, les tonnes, le rapide fluide

Je m'encrasse, s'encrasser est normal pour aller se balader. Je ne sais pas ce que j'en gagnerai, une demande de qu'est-ce qu'il y a à y gagner, ce que je gagnerai, je n'y gagnerai rien, je ne gagne pas, on est gagnant quand on a gagné, je ne gagne pas, je ne serai pas gagnant, je ne sais pas ce qu'il y a à gagner, je ne sais pas ce que c'est, en chemin, il est trop tôt pour le dire, je ne parlerai pas si vite. Et ne me plains.

Le roulement et des roues

Je ne me sers pas de moi, je ne me mets pas à planer, je ne suis pas sur moi pour planer, je ne me suis pas mon propre moyen de me faire planer, je ne suis pas pour, je ne suis pas plan, je ne peux pas planer. Je ne m'en fous pas partout. Je ne m'en suis pas foutu de partout, je ne me suis taché, je ne tache, je n'en mets, je ne m'en veux, je ne m'en fous pas, je ne m'en fous pas de tout, je n'en ai pas l'intention, je n'ai pas dégouliné.

Le train a pris le départ un jour, une heure, une année

Je me donnerai des nouvelles, je me donnerai souvent des nouvelles, des enveloppes se transportent en même temps, nous sommes dans le même bateau, nous nous déplaçons, nous allons vite, je me donnerai quelques nouvelles. Comment me suis-je annoncé la nouvelle ? Je vais me donner un peu des nouvelles. Je m'envoyai des enveloppes, m'ayant vu, ayant pu me voir, je me rencontrai, transportai des enveloppes, je m'étais retrouvé, je me lisais des nouvelles, en me donnant l'enveloppe, en me la laissant dans un coin à l'abri

des intempéries, me lisant des nouvelles en me communi-
quant le contenu des lettres. Je m'enverrai des nouvelles. Je
ne me donnerai pas des nouvelles tous les jours.

La roue attrape le train comme le train attrape la roue

Je n'ai pas meulé depuis longtemps. Je ne sais pas si je sau-
rai meuler à nouveau. Je veux bien essayer de manier les
meules, mais je ne sais si je trouverai un endroit assez grand
pour y mettre les meules. Je ne voudrais pas tout abîmer. Il
y a des années que je n'ai moulu. Je n'ai pas des années.

Des paquets à tirer

Je m'assignais cette place, j'y tenais. Je me suis assigné la place
près de l'entrée, je n'imaginais pas un autre endroit, je ne
m'en plains pas, c'est l'endroit qui m'a été assigné, je me la
suis donnée à l'entrée, je n'imagine pas, je n'en imagine pas
une autre, je n'en suis pas peiné, je ne me plains pas, me suis-
je plaint, je ne me sens pas peiné, je ne me sens pas en peine
de m'être mis en m'y assignant à cet endroit. Je me tiens.

L'attention des roues avec l'attention de yeux

Je vais passer un bon moment. Je n'ai pas d'ennuis, je n'aurai
pas d'ennuis, je m'y engage, je m'y suis engagé, je mets les
membres à l'abri, bien mis et pliés à côté, ou sous, ou devant,
ou sur moi, ou auprès de moi, je ne veux pas m'engager de
trop, je ne veux pas tout perdre, je n'ai pas fait tout ça pour
le perdre maintenant, je n'ai pas à penser me perdre mainte-

nant, je n'aurai pas d'ennuis, je n'ai pas d'ennuis, je ne vois pas d'ennuis venir et le voyage ne sera pas en panne. Une une, un un, une une, une une, une une autre.

Le petit train sur un petit chemin carrossable, le petit train est un grand carrosse

Je n'ai pas noté. J'ai noté que je n'avais pas pris un manteau. Je n'ai pas tout noté. J'avais noté le manque de manteau mais je n'avais pas noté, je n'ai pas noté, j'avais noté, j'avais noté que je n'avais pas pris d'anénomètre, mais je n'ai pas, par manque de temps, par manque d'attention, pu tout noter. Je ne note pas. Je ne fais pas attention. Je n'ai noté en aucune manière, je n'ai pas pu noter, je n'ai pas noté ne me destine pas à une saone ou à une autre saone.

Le train n'est pas traître

Je n'ai pas donné, je n'ai pas donné assez, je n'ai pas donné assez de moi. Je m'entends. Je ne m'entends pas avec l'ambiance, je m'entends avec l'ambiance, je ne m'entends pas avec l'ambivalence, c'est ça l'ambiance, et je ne m'entends pas.

Le train ne voit pas le mur arriver

Je n'ai ni n'ai eu le dessein de m'éteindre demain ni hier ni un jour prochain ni d'une main ni d'une autre main ni en un jour plus lointain ni à la lune. La lanterne ne connaît pas la panne, n'a pas de panne, n'a pas plus de panne que la lune.

Tarte, tourte, tartine, tartelette, terrine, tarte, tarte tatin, tartelette, tâtons

Je suis à ma place habituelle, je ne veux pas la ruine de l'établissement, en rase campagne, je ne vais pas ruiner, j'aide, je prends le temps d'arriver, je serais arrivé, ce serait l'endroit où j'arriverais, j'ai la tenue. Je n'ai rien ruiné. Je ne veux pas payer, je ne veux pas ne pas payer, je vais payer.

Le train passe dans le mur longtemps

Je ne suis pas dans une caisse, ni dans une coque de noix. Je ne voyage pas en coque ni en caisson ni en caisse. Je ne suis pas un planeur. J'entends tout.

Pour la tranquillité de la nuit et des autres

Je n'ai ni chignon, ni châle, ni petite laine, ni collier, ni cheval. Je n'ai rien dit d'insane ou de sale.

Le train ne triche pas, le train roule sur des rails

Je n'ai pas nié, je ne me nie, je ne me le nie pas, je n'ai pas nié, je ne suis pas à la noix ni à la noisette. Ce n'est pas moi, là, les champs d'endives, des champs d'endives, certainement. Je ne me suis pas mis tout nu.

Le train trimballe du monde

Ce n'est pas demain la veille, ce n'est pas une surprise, je n'essaie pas de nier, ce ne sera pas le lendemain, je ne le vois pas être d'une nature surprenante. Ce n'est pas qu'elle n'est pas une surprenante nature, mais je n'en vois pas l'inutilité. Je ne dirai pas que ce n'en est pas une, de nature surprenante.

Ah, le train, ça, c'est un train

Je ne chahute pas, je ne me vois pas appuyer, ni je ne chahute, ni je ne m'appuie. Je n'imprime. Je ne m'imprime pas, je ne presse pas, je ne vais pas m'obliger à presser. Je ne me presse pas contre mes mains, je ne les comprime pas contre moi, je ne vais pas me comprimer contre le mou, je ne veux pas m'écraser les mains contre moi ni me comprimer je ne me suis mis là pour me presser ni pour me comprimer. Je ne me presse pas, je ne m'imprimerai pas, ni ne s'imprimera sur ma joue.

Tromperies, trompettes, turpitudes, traquenards

Il est moins le quart. Je ne suis pas sur la voie ferrée, je suis dans le wagon, je suis à l'intérieur du wagon, wagon, wagon. Je ne suis pas dehors à l'heure qu'il est. Rien ne m'a dépêché. Je n'ai aucune raison de me laminer, je ne veux me laminer ni m'abîmer ni m'ensevelir, je n'ai pas de raison de me laminer, je ne sais pas ce que serait me laminer, je n'ai pas les éléments en main pour me laminer, je n'ai pas les éléments en main pour savoir ce que serait me laminer.

La carcasse, la crasseuse, la carcasse caresse le vent, la carcasse caresse les rails, la crasse

Je ne me suis pas mis à moitié sur mon siège, je n'y suis pas à demi, je n'ai pas la moindre idée, je n'ai pas une moitié mise et l'autre pas, je me mets là, je ne m'y mets pas à moi, à moitié, à mon endroit, à mon siège. Je ne m'amoindris de m'être mis à ma place. À demi, à moi, à ma place décemment à mon siège. Je ne suis pas moins moi, ni un peu moins, ni à moitié moins, je ne m'amenuise, je n'ai pas moins, je ne suis pas moitié ce que je peux m'espérer, je ne me suis pas à moitié assis à mon endroit. C'était la peine.

La train transite à travers la région

Je ne me tanne. Ai-je tanné ? Que veut dire tanner ? Qui a tanné ? Qui tanne ? Je ne trotte dans la savane mon canasson, je ne danse décoré, entouré, emplumé, botté, la pavane. Qu'est tanner, moi qui ne sais pas tanner, qui ne tanne pas. Pas de tonneaux. Le tonner. Pas de tonneaux, je n'ai pas de peau. Pourquoi pas de la neige tout autour.

Pour ce qu'il devient, le train

Je ne me suis pas mis de miettes, je n'ai pas réussi, je n'ai pas de miettes, je n'ai pas emmené des miettes sur moi sans m'en apercevoir. Je n'ai pas mis de miettes. Je n'ai pas mis des miettes à mon pantalon, ni n'ai laissé de miettes. Je n'ai pas mangé. J'ai mangé du pain. Mais je n'ai pas pu laisser glisser des miettes du pain que j'ai mangé sur moi sans m'en apercevoir. J'ai ce qu'il me faut pour m'en apercevoir et faire montre d'assez d'attention pour m'en protéger et les éloigner en époussetant.

Le train ne laisse aucune trace

Je ne me suis pas mis en miettes, je n'ai pas réussi.

Très très très

J'entends entièrement le bruit du déroulement du voyage pendant le voyage. Je ne fais pas durer. Je ne dure pas. Je n'amoncelle. Je m'amoncelle. Je ne m'amoncelle. Je ne me piétine pas, je ne vois pas pourquoi je ne me marcherais pas dessus, je ne vais pas, piétinant, aller, me marchant dessus, me piétiner, aller, m'étonner, je pense à nous, je n'empile pas en plus, je ne pense qu'à ne pas.

Le train, un saltimbanque

Je n'en sais rien les contrées traversées, je ne les connais pas bien, je n'ai pas la moindre idée, je sais qu'elles sont des contrées importantes pour les habitants. De plus grande dimension que je ne peux en voir. Je ne peux pas tout en voir. Mais ce n'est pas grave : je ne suis pas un traîne-misère et je ne suis pas un peigne fin.

Le train peut repartir, le train va repartir, le train repart

Simple piéton. Je ne me saignerai pas à cause de ça. Je n'ai pas de monture pour cette fois, pour une fois, je ne vais pas m'engueuler, que ferai-je de monter. Je ne me retrouve pas embarrassé, j'en ai vu des ans, je reste en place, pour l'instant je suis resté en place jusqu'à présent, j'entoure palace. Je rêvasse. Je ne dors pas.

Il n'y a pas trente-six mille trains dans cette direction

Je règne. Je ne m'engueule. Je règne normalement. Mon fauteuil règne. Je ne m'endors pas, les mains sur mon fauteuil régnant. Je suis assez bien mis comme je suis mis sur un fauteuil qui règne, je ne dors pas, je regagne la rive, je soigne mon fauteuil, je soignai, une fois ayant soigné, pour m'être soigné, je regagnerai la rive quand j'aurai regagné la rive. Je me le dis, je ne me le nie, je ne me retire, je ne retire rien, je n'ai pas entendu. C'est mon domaine.

Le train n'est pas triste de partir en train

Je ne m'incline, je ne vais pas m'incliner. Je ne veux pas incliner. Je n'inclinerai pas. Je n'ai pas à me demander. Il est normal de ne pas pencher, je n'incline, je ne me laisserai pas faire, même si je penche, je ne m'incline pas. Je ne me le demanderai pas deux fois ni un grand nombre de fois. Ferai une saine vie.

Ce train-ci celui-ci c'est facile c'est celui-là c'est le même train

Je tiens, je ne tiens pas, je tiens, je ne tiens pas, à me rendre utile, me rendre inutile, prenant le moment comme il vient, je ne m'en veux pas de tenir, de ne pas tenir, j'y tiens, je n'y tiens pas. Je tiens, je ne tiens pas.

Les vrombissements sont durables sont de doux vrombissements

Je ne tiens pas de la Nièvre, je ne tiens pas de la lune, je n'ai pas de lien avec la Nièvre ni avec la lune, je ne tiens, je n'aimerais tenir, je tenais et je ne tiens pas. Où ai-je mis ma brioche?

Le train ne se tortille, le train se tortille, le train ne tortille

Je ne me dandine pas sur mon fauteuil. Je ne dandine. Je n'en veux pas au monde entier, ni à une partie du monde, ni à moi, ni à mon siège, ni à ma manière de me voir assis sur un mon siège, ni à ma manière de ne pas voir ma manière de m'asseoir sur mon siège, je ne me dandine pas, je n'en veux pas, je ne me suis pas sonné, je ne fais pas semblant de dormir, je ne dors pas ni ne veux dormir, je suis éveillé. Des transports. Des roues. Des rapides.

Je ne plane pas à l'aune des semaines, des lems, des mois, des années, des heures, des maintenant, des ambiances, des ans, des semaines, des mois, des heures, des années-lumière. Comment planer?

On ne détache pas un wagon

Je n'ai rien à voir avec Denain. Je ne suis pas sur mon cheval, je n'en suis pas surpris, je sais que je ne suis pas sur un cheval, je ne m'en veux pas, je sais rester à m'améliorer, je ne geignais pas, je n'étais pas là à geindre, je ne geins pas, ni ne me plains, je ne suis pas à cheval ni amnésique, je ne m'en veux pas pour ça, je ne vais pas rester à geindre tout décontenancé. Je ne me suis pas emmené jusque-là pour rien, j'ai l'idée que je rêvasse, j'ai idée que je ne me suis pas emmené jusque-là pour aucune façon car je me voilà surprends à rêvasser.

Le train rattrape le train, le train rattrape sa place

Je n'ai pas sonné. Cela ne sonne pas, est-ce que je sonne ? Je ne sonne pas. Ce sera une bonne semaine. C'en sera une et la mienne, ma semaine. Ce sera la mienne. Je l'aimerai. J'ai une bonne étoile. J'ai eu de la veine. J'ai endigué, j'endigue, j'entonne, je laisse dégouliner, que je dégouline.

La rame rame, la trame trame. C'est l'heure heureuse

Je suis dans le temps. Je ne m'abandonne pas. Je ne me suis pas laissé. Je ne me laisserai pas me laisser. Je ne suis pas abandonné. Je conserve mon gonfanon, mon gonfanon d'une autre année, le gonfanon de mon ancienne menée, pour une autre semaine, pour d'autres années.

Le train accentue en un instant

J'éteins ou je n'éteins pas, j'éteins si je veux, j'éteins si j'éteins et si je veux, j'éteins et j'éclaire et si je veux, je veux que j'éclaire et seulement si je veux que j'éteigne. Je ne suis pas à cheval, je ne me navre. Je ne vais pas dire à moi que je n'arrive pas à me l'expliquer. Si je ne suis pas avec mon cheval, je me dis que ce sera pour une autre fois. Je ne suis pas navré, je n'ai pas à me navrer. J'ai une semaine devant moi.

Le train est heureux de rouler. Je suis heureux pour le train de rouler

J'ai l'honneur. Je ne vais pas me nettoyer ni me mouiller ni m'ennuyer ni me contraindre, je garde l'honneur. J'ai l'honneur, l'honneur d'aller avec moi, de m'accompagner sur le chemin du voyage, je m'accompagne. J'ai l'honneur de m'emmener. Je ne me suis pas magouillé. J'irai avec l'honorabilité de ne m'être pas magouillé. Je m'en tiens à moi. Je ne vais pas me la faire. Je n'y pense pas. J'ai au moins l'honneur de ne pas y appartenir.

Quelle transportation ferroviaire! Quelle roulade!

Je suis noble, je suis mou, je pue. Je ne suis pas un puant, je sens mauvais, j'ai eu à rester pendant un même moment à mon endroit. Je me suis anobli. Je ne dors pas, je suis légèrement détendu d'être ici, légèrement conscient. Je ne suis pas mou, je suis légèrement amolli, comme le vent, je n'empuantis pas, je ne m'empuantis pas, je pue légèrement le parfum d'homme resté un moment dans le même endroit, je ne suis pas allé en croisade, je n'ai pas chevauché jusqu'à loin, je suis resté, je ne m'endors pas, je suis noble, anobli mollement, moi et mes domaines.

Le train est arrêté. Le train est en gare. La gare qui défile

Ce qui me prend. Ce qui prend. Ce qui prend pour moi. Est-ce que je prends un o, un m, un i, un m, un o, un i, un i, un o, un m, un i, un m, un o. Ai-je pris, je n'ai pas pris, je ne peux dire que je prends, je peux dire que je n'ai pas pris.

Il transpire

Je n'ai pas attendu pour que m'amollisse quoi? Je n'ai pas menti pour que m'anoblisse, quoi? Je n'ai pas attendu pour que m'en pâtisse, quoi? Je ne rameute ni moi, ni l'aide, ni l'alerte, ni mes amis, ni mes moi, ni mes amis, ni mes jambes, ni mes alertes, il n'y a pas de menace, je ne suis pas menacé, je ne me rameute pas, je ne m'ameute. Ce n'est pas le moment et je ne le fais donc pas. Je ne vois pas ce qui me menace. Je glane.

Un train passe comme

Je ne suis pas en analgésique. Je suis indemne. Je ne m'endors pas, je n'ai pas endormi, je ne me suis pas indemnisé, de quoi me serais-je indemnisé, je suis indemne, je ne vois pas, je ne sais pas, je n'ai pas tout entendu, je ne suis pas amné-sique, je ne m'amnistie pas. J'annule. Je ne m'endoloris, je veux bien moudre. Il n'y a qu'à moudre.

Le train tranquillement croise des clôtures

Qu'à cela ne tienne. J'ai de quoi me tenir, je sais comment, je me tiens naturellement, le plus naturellement du monde, c'est exprès, je ne me serais pas tenu si je n'avais pu me tenir naturellement aux machins, à ceux qui se trouvent là, à quoi je me tiens.

Le petit train transporte un petit train de part en part

Je ne connais pas le nom des endroits. L'entournement est dans des endroits grands et des régions éloignées. Je n'en connais pas comment prononcer. Je ne sais pas comment on dit des noms. Je vois les noms en gros si je veux, je ne sais comment on dit. Le départ a montré de gros noms de l'endroit. Je ne voudrais pas avoir été enchâssé comme le sont les grosses pancartes. Pauvres pancartes. Je les vois si je veux. Je ne sais pas lire les noms qui n'ont aucun sens. Qu'on y aille tant qu'on y est.

Les roues sont lourdes mais le train roule sur les rails

Combien d'heures que je tanne, je ne suis pas tanné, je me sais tanner. Pendant des ans et des ans je veux bien me laisser tanner le temps qu'il faut, je ne vois pas pourquoi je ne serais pas d'accord, mais pendant un temps. Ce n'est pas pareil. Je ne me tannerais pas moi-même, me tannant pendant des ans moi-même pour seulement me tanner, je ne le pourrais, je ne me tannerais pas ainsi, je n'en vois pas l'intérêt. Je ne serais pas tanné tout seul.

Le train roule mais le train roule sur les rails

Je n'ai enfreint, du moins je crois, je ne vois pas que je me serais enfreint, je ne crois pas m'être enfreint. Je ne veux pas traverser une montagne.

Un qui traîne

J'en ai pris pour un moment, je ne fais pas pour, je ne m'en fais pas, je prends pendant seulement personnellement journellement exclusivement intimement pour un moment. Je n'entérine pas me, je n'entérine pas le non-voyage, je n'entérine pas dans un long voyage dans une scène.

Le train fait un long détour

Je ne m'en fous pas, je ne suis pas un sentiment de ce genre, je n'ai pas d'alternative, je ne m'altère, je me déplace. Je ne mens pas, je respire. Je n'ai pas pris grand-chose. Je n'aimerais pas me dire je m'en fous, je ne suis pas de ce genre.

Le petit train glisse sur une ligne brillante

Je ne suis pas fantoche, je suis la franchise même, je suis, parmi les gens, assez de gentillesse, je peux payer, j'ai des pièces de monnaie. Je garde quelques pièces de monnaie sur moi. Je possède une bonne pondération. Je n'endommage pas. Qu'endommagerais-je en en prenant le minimum ? En baissant, les gris noirs aussi bien engalés que les noirs.

Le long train glisse, étoile brillante. Le mur long passe long-temps

Je n'en prends pas, je n'en ai jamais pris. Je pourrais encore entendre si l'idée m'en venait, si jamais l'idée venait, je ne l'enlèverais pas, je ne l'enfouirais pas, je ne la supprimerais pas, si jamais l'idée venait, je ne suis pas sourd, je la prendrais avec moi. Je ne suis pas en plein dans la lumière parce qu'exprès je ne me suis pas mis du côté où il y a la lumière des rayons de soleil, je ne suis pas de la lumière, je suis consistant asséné atterré rasséréné entier content, je tiens de l'engeance. Noble et puant.

Traverse les montagnes au cœur des montagnes

Je ne pars pas, je ne suis pas parti, je ne me perds pas, je ne me suis pas semé, je ne sème, je ne sème jamais, je n'ai pas semé, je ne me suis semé, pourquoi me serais-je semé, quand aurais-je pu me semer, quand, en même temps, partant, m'emmener, m'accompagner et me semer et me perdre, je ne me suis pas semé. Je ne voudrais pas me semer me déplaçant.

Train-caquet, train-baquet. Le caquet du train. Le train caquette

Je ne venais pas, je ne vendais pas, je ne gagnais pas, je ne gagne pas, je n'ai pas tout dit, je n'aurais pas tout dit, je ne vends rien, je n'ai pas regagné la gare, je ne vais pas gagner, je n'ai pas dit mon dernier mot, je ne suis pas dans un sentiment, je ne vais pas m'ensevelir, je ne vais pas m'enterrer, je n'en ai pas eu le sentiment, je ne m'en souvenais pas, je ne suis pas entré.

Le train dans sa barque, tournicoti

Je ne m'attache pas aux feuilles attachées attachées comme le sont les rames des métros entre elles, les charmilles, les charmes, les chars, je ne me suis pas attaché, je ne m'attache pas, je ne me suis pas attaché au méli-mélo, je ne m'attache pas, je ne voyage pas en avion, j'ai mon fauteuil, je ne m'attache pas au fauteuil, à moi, à mon fauteuil, je ne suis pas collé comme le courant électrique.

Le train roule dans la brume, le train se roule dans l'herbe

Je ne m'emporterai pas. Je n'en ai pas envie. Je ne m'emporterai donc pas. Je ne cafouille pas, je n'ai pas cafouillé, je n'en ai pas partout, je ne cafouille pas avec moi je ne fais pas d'histoires, je ne veux pas me cafouiller, je ne cherche pas noise. Il n'y a personne. Negun.

Le petit train rouge dans le vent

Je m'en contente. Je ne suis pas en coton. Qu'il y aille après tout. Je veux bien, je consens. Qu'importe, je ne suis pas plus contre que ça, qu'il aille en avant après tout, je n'ai pas dit non, je ne suis pas contre, je suis content, qu'il y aille tout seul si ça lui chante, j'y consens, je veux bien. Je ne serais pas le premier à me contredire.

Partout où le train va, je suis le train

Je ne peux pas savoir, je n'ai pas d'antennes, je ne sais pas, je ne l'ai pas entendu, mes antennes ne sont pas assez longues, ou assez fines ou assez souples ou mes antennes ne marchent pas. Je n'ai pas d'antennes, je n'ai probablement pas entendu. On ne peut pas tout savoir, je ne le savais pas, je ne le sais toujours pas, je ne suis pas tout nu, je ne change pas, je n'ai pas changé, je m'y suis habitué. Je ne change pas, il n'est pas venu le moment de me changer, j'ai emmené de quoi, ce qu'il me fallait, je ne me change pas, je ne me suis pas, je ne me changerai, j'ai emmené mon habillement, je me suis habillé, je ne veux pas changer.

Ysengrin n'est pas dans le train

Je ne suis pas à l'entraînement, je ne suis pas là à m'entraîner, je ne peux pas m'entraîner là, je m'y suis mis entier. Je m'en remets à moi, je ne me mens, ce n'est pas de l'entraînement, c'est moi en permanent, je n'ai pas honte, je me mets à moi, et pas une honte ne viendra même si ce n'est pas l'entraînement. Je ne me kidnappe, je ne me suis assommé puis kidnappé puis emporté puis assommé puis emmené puis ligoté puis enterré contre mon gré. Qu'aurais-je profané.

Tout le monde a déjà pris le train

Je ne nulle pas. Je n'ai pas humé. Je ne m'humerais pas, je ne voudrais pas humer, je ne fais pas comme si de rien n'était, je n'ai pas voulu nullé, rien qui ne soit, je n'ai pas voulu, je n'humilie pas, je ne m'humilie pas.

Pour ce qu'il devient, le train

Je n'ai plus un sandwich. J'ai mal calculé. Je n'ai su garder assez de nourriture pour la longueur du voyage dans le tunnel, je ne suis pas tunnelier, je ne peux penser à tout, j'y penserai une autre fois. Je suis dans le tunnel sans sandwich. Et sans monture, et sans cheval, et sans armes, et sans blason et sans trompette.

Un train, non, ne montera jamais dans un train

Je n'emmagasine pas tout ce n'est pas de mon ressort, ce n'est pas de mon ressort, je n'emmagasine pas, ni n'emmagasine tout. Je n'essaie pas. Je n'en vois pas l'utilité. Je ne sais pas où ça va. Il ne va pas faire de vagues. Je ne vois pas, je ne me souviens pas, je n'oublie pas, je ne me conseille pas, je composte naturellement, je ne me vois pas, à l'entrée, au début, qui composte. Je n'ai pas oublié, ai-je oublié.

Le petit train au trajet prévu en un long trajet

Je n'avance pas. Je ne me suis pas avancé. J'ai laissé absolument le nombre complet de rangées de sièges par-devant moi. Je n'y ai pas touché. Je ne me suis pas levé, je n'ai pas levé le petit doigt pour m'avancer, l'air de rien d'un ou deux sièges vers l'avant où il n'y a personne. Je n'ai pas bougé. Je ne sais pas si j'aurais osé. Je ne nie pas tout en bloc. Je précise.

Le train troque son rail pour un autre arc-en-ciel

Je n'ai pas été plumé. Je ne me suis pas fait plumer. Je ne suis pas le dindon de la farce. Je n'ai pas de doutes. Je ne suis pas une dinde un dindon un dindonneau un indien un dingue un troupeau de dindons. Il me reste des plumes. Je suis au chaud, assis, siégeant, sage, agile, noble, domanial, altier, joli, je ne gêne personne, je n'ai pas été humé par tel ou tel, humé par un tel, humé par je ne sais qui, humé par je ne sais quel animal. Je n'ai pas été humé, je passe c'est tout, dans mon univers, je passe.

Que de roulements sans un train en vue

C'est signe que je n'entends pas pleinement, je ne peux entendre tout ce que je me dis je ne suis pas sourd je ne suis pas dingue mais je ne peux tout entendre, je n'entends pas tout, je n'ai pas de mal à tout entendre. Je ne suis pas gardien. Je n'ai pas sonné. Je n'ai pas que gardé.

Le train est lourd, mais il a des roues solides et en acier

Je ne plane pas, je me réchauffe, je fais voyageur. Je ne suis pas flotteur, ni flottant, ni à flotter, ni à faire flotter, moi qui flotte, moi qui flotterais. Je ne fais pas l'anoure natant, feuille fanée, anoure natant dans les flots, dans les fonds, et les flons flons et les flancs et les flancs. Je n'entends pas l'entendement qui m'emmène à nager en anaérobie.

Les ressorts des wagons font les essieux

Ce n'est pas en m'aboutissant, ce n'est pas là un emboutissement, je ne vais pas m'emboutir, je ne m'en bouche pas, je n'en suis pas là, je ne suis pas assez niais pour m'emboutir moi-même. Il n'y en a pas assez en déplacement pour que je m'embrouille. Je ne vais pas m'emboutir, en arriver en m'emmêlant à m'emboutir, ce n'est pas le cas, je m'en vais comme n'importe quoi vers la droite et vers la gauche sans me faire de mal. Cela ne fait pas de mal.

Le petit train rouge roule sur les caténaires, sur les catafalques, sur les containers, sur les pancartes, sur les vaches, sur les barrières

Je n'ai pas fait. Je n'aurais pas su faire quoi qu'il en soit. Je ne m'inclus pas, je n'entre pas, cela n'entrera jamais, je n'ai jamais eu l'idée de m'inclure, depuis je ne me sens pas comme l'inclus qui dit qu'il est inclus, je ne le suis, je n'ai pas idée, je n'entre pas, je ne sais pas ce qu'est inclure. Je ne fais rien.

Un train ne se déroule pas sur rien. Il se développe

Je ne plane pas, je flâne. Il n'est pas vrai que planer est comme rouler vite est comme voler est comme glaner. Je flâne, il est vrai que je flâne, flâner qui est n'est pas voler, je flâne comme je flânais, comme j'aimais flâner, je ne vais pas faire la fine fleur, je flâne comme je flânais, je ne fais pas de la fumée. Je flâne, je ne vais m'envoler, je ne m'escalade pas, je reste à flâner, je flâne, je ne vais pas m'empêcher de flâ-ner. Je ne m'ennuie pas.

Trame trame

Car moins de temps passe dans la main passe dans les doigts passe dans la main dans les lignes de la vie.

Je m'envahis, je ne m'envahis pas, je vais au bout du monde. Je semble dormir. Il est confortablement installé. Je suis bien installé. J'ai l'air bien. J'ai l'air de dormir. Il ressemble à un chevalier dormant. Il a les paupières fermées, il ne voit rien, il est confortablement installé, il dort. Il n'est pas perdu, je ne suis pas perdu. Il me semble que je dors bien. Il a les mains croisée sur son ventre, confortablement installé sur le dos, les paupières closes, il dort tranquillement. Il me semble dormir tranquillement. Je ne perds rien. Il n'est pas perdu. Je ne suis pas perdu. J'ai l'air très tranquille. Je ne vais pas m'endormir, je dors déjà d'un sommeil profond.

Ma chaleur part par les fenêtres. Je ne pense pas à mal. J'ai des doigts, je ne pensais pas avoir autant de doigts pour moi je ne sais pas si c'est mérité d'avoir autant de doigts je n'en vois pas l'utilité. Je les croise. Mes dix doigts sont croisés les uns sur les autres. Je n'ai plus de doigts, je ne m'en sers pas. J'ai la tête sur les épaules. Il a les doigts croisés et la tête sur les épaules, il se sent bien. Je me sens bien dans cette posi-tion. Ma chaleur se perd pour toujours, part par les fenêtres, je gaspille. Je n'ai personne à qui parler, je ne ne parle pas, il semble dormir.

Le chevalier s'éveille, le jour se lève lentement. Le chevalier soudainement lève ses paupières ouvre les yeux, les yeux étaient fermés, le chevalier dormait d'un sommeil tranquille. Le chevalier s'éveille, il a ouvert soudainement les yeux. Pour un jour mémorable. S'éveille pour le jour ultime le plus grand jour de sa vie, il va vers la rencontre du jour merveilleux. Ouvre les yeux en un seul coup et se retrouve soudain dans le jour de l'événement majeur. C'est dormi, c'est pas dormi, c'est soudain, ce jour le chevalier rencontrera, le chevalier est au tout début de la journée mémorable. Rien n'est encore prévu il a simplement ouvert les yeux alors qu'il dormait encore d'un sommeil tranquille.

S'il avait perdu l'usage de ses yeux, l'usage de ses oreilles, l'usage de ses bras, l'usage de sa tête, il les retrouverait progressivement sans aucun doute, le chevalier s'éveille, s'éveille lentement. Pour une rencontre le temps d'un trajet en train jusqu'à la gare de la fin de la journée. Il va se promener. Ce je se promène dans le train. Le chevalier est en promenade, il ne sait pas encore qu'il va vers le jour le plus extraordinaire de sa vie. Il a ses affaires placées à son fauteuil comme quelqu'un qui va revenir. Mais il n'est plus à sa place. Il est allé faire un tour. Comme quelqu'un qui est allé faire un tour. Et revient bientôt, presque tout de suite. Le chaud est à un nid de lui. Il est au chaud, il est dans son fauteuil. Il va faire une rencontre aujourd'hui.

Le chevalier partant dans le train sans son cheval, ayant perdu son cheval on ne sait où. Se retrouve assis avec peu de bagages, s'il ne s'est pas mis en miettes, ni ne s'émiette ni ne s'inhibe ni n'est groggy, il peut partir dans le train sans ses bagages et sans son cheval. Son cheval est parti on ne sait où. Dans le train où il peut bouger le chevalier découvre le transportement.

Je voyage entre la lune et neptune. Je voyage vers le jour j. Je suis dans les parages des parages de la lune et de neptune. Je ne connais pas la fin du jour, c'est pourquoi je voyage sans cesse. Je ne voyage pas sur le dos d'un dromadaire ou d'un cheval ou d'un âne. Je voyage dans les contrées. Dans les contrées de neptune et de la lune en liberté dans le vaste monde, le monde est vaste de la lune à neptune je peux m'y perdre, je peux y disparaître, je ne peux pas m'y rendre, on ne rend pas, on ne se rend pas compte, on ne se rend jamais, je ne sais pas, je ne voyage, je ne balade, je ne vole, je ne vole pas, je m'abasourdis dans le voyage, je perds mes repères, je ne suis plus très loin de neptune et de la lune, je ne suis plus très loin de me perdre, de tout perdre pour toujours. Je ferai tous les aller et retour de la lune à neptune et je rencontrerai et je rencontrerai.

Je ne saigne pas, je ne pleure pas, je ne sue pas, je ne perds pas d'argent, je ne pisse pas, je ne perds pas, je ne dégouline pas, je ne me désassemble pas, je vais y arriver, je vais atteindre le jour merveilleux. Je ne vais pas saigner, dégouliner, je ne vais pas pleurer, me désassembler, je ne vais pas perdre de l'argent, je ne vais pas pisser, je ne dégouline pas.

Je me promène je vais au gré au gré je voyage je m'envoie promener je me voyage je me voyagerai je vogue je vogue je me voguerai je me promène je ne vois pas le mal que ça fait que je me promène, je vais me promenant, je vais voyager, je ne vois pas le mal qu'il y a de se promener quand c'est moi qui vais me promenant, je me promène.

Je ne vais pas hurler, je ne vais pas crier, je ne crie pas, je fais presque pas de bruits, je ne vais pas péter, je ne péterai pas, je ne vais pas pleurer, pourquoi je pleurerais, je n'ai pas à pleurer, ni à grogner, ni à gémir, ni à pleurnicher, je ne pleurniche le chevalier je ne crache pas, je ne perds pas d'argent, je ne pisse pas, je ne dégouline pas, je ne vais pas chanter ni chantonner ni parler à tout-va à haute voix à tout le monde pour demander qu'est-ce que vous faites là puisque vous êtes là aussi. Le chevalier n'est pas le seul à faire le chemin dans le train.

Je ne veux pas penser je veux être de l'aventure. Je ne est de l'aventure. Je ne veux pas penser c'est trop vague et trop lent et trop épousant, je veux partir en voyage. Je ne est en voyage. Je ne est parti. S'il est dans un train c'est bien pour partir à l'aventure puisqu'il fait du trajet. Je ne fait du trajet en train progressivement.

Je n'envahis pas, je ne m'envahis pas, je n'envahis pas tout, je n'envahis pas tout le trajet, je ne suis pas envahissant, je reste à ma place, je ne vois pas comment dans ce cas je pourrais envahir tout le trajet depuis le début jusqu'à la fin du trajet, tout le fauteuil, tout le wagon, tout les fauteuils du wagon, tout le voyage, tout le paysage. Je ne me mets pas en morceaux de pièces qui volettent.

Je ne suis pas une nappe, ma tête n'a pas la forme d'une bouillie, ma tête n'est pas une nappe, je vais me rattraper, je la rattraperai juste à temps, je ne déborde pas, je n'ai pas encore envahi tout le wagon du train où je suis, je ne suis pas sous la forme d'une nappe, je n'ai pas besoin de retrouver, d'aller à la recherche d'une nappe, je ne suis ni une nappe, ni une bouillie, ni une nappe de lumière, ni une tache de luminosité, je ne fais pas de la lumière, je ne suis pas une tache lumineuse, je suis assis à l'endroit sur le fauteuil, ma tête est en haut, ma tête est normalement placée en haut pour rester avec une forme de tête, il n'y a pas de doutes sur la forme de ma tête, le siège est à l'endroit. Rien n'a encore disparu. Je ne me magne pas, je ne veux pas me remanier. Je ne me remanierai pas. Je ne sais pas où sont passés tous les morceaux je les laisse faire, je ne suis pas si dur que ça, les morceaux peuvent aller se promener je sais qu'ils reviendront, je serai ce que je resterai tout ce que j'ai. Qu'est-ce que j'ai, je ne me regarde pas avec un air étonné quand je me vois sur la vitre je ne vais faire l'étonné, tous les morceaux pourront bien revenir chacun son tour à son rythme petit à petit, pourquoi prendre un air étonné quand je ne me dis que je ne me remanierai pas.

Je ne vire pas, je ne meurs pas, je ne m'énerve pas, je ne remonte pas, je ne me démonte pas, je ne vais pas vers le jour le plus historique tout nu et les yeux fermés, je ne suis pas tout nu, je n'ai pas bu, je n'ai pas été imbibé, je n'ai pas été bu, je reste avec moi, j'ai fait du cheval, je ne suis pas un buvard, je ne me suis pas fait boire, j'ai pu faire du cheval, j'aurais au moins pu faire du cheval une fois, je sais rester sur le dos du cheval pendant que le cheval trotte, je suis cavalier, je me laisse glisser dans le ventre du train serpent qui se faufile, qui se laisse glisser. Maintenant tout va aller très vite, maintenant tout est glissant.

Trace

La vie se déplace, je ne ne déplace pas la vie. Je ne reste en vie. La vie peut se déplacer à son aise, je ne m'empêche pas de se mouvoir à sa guise, qu'elle se déplace et qu'elle se meuve. Il va d'un cœur léger et impatient dans le train qui vagabonde toujours en avant à grande vitesse vers les retrouvailles avec le jour le plus important de sa vie. Il part le cœur joyeux. Déjà il est en vie et il va vers le cœur de ses jours.

La forme du siège et la forme du soleil ne changent pas. Le rail rectiligne commence à l'extrémité nord du pays et atteint l'extrémité sud du pays sans s'arrêter sur toute la longueur il est lisse, c'est le son des entrechoquements. Il fait toujours beau plus haut que les nuages, une ligne de fer va jusqu'à l'autre bout du continent de la terre. C'est le jour le plus important, en ce jour, ce je rencontrera son destin, le train court à toute vapeur. La vitesse du train rejoint son destin à la vitesse du train qui avance et ne recule jamais. Je vais vers le jour j. Je vais voir le jour. Je vais vers le jour le plus important de ma vie.

Trace

Voilà un train qui passe, ce n'est pas le moment de voir se désassembler des morceaux de ce je ne qui se dit chevalier sans qu'on ait vu jusqu'à présent le moindre cheval apparaître qui serait à lui, auquel il serait attaché en étant monté dessus pour aller en chevauchant. Je ne me retrancherai pas. S'ils s'en vont c'est qu'ils étaient sur moi mais qu'ils n'étaient pas moi comme de la poussière qui me recouvrirait, je ne vois pas de poussière qui me recouvre, la poussière est si fine qu'elle est invisible, s'ils me retranchent je ne sais pas où j'irai, s'ils se retranchent je partirai me promener, je me promènerai, s'ils avaient été moi ils n'auraient pas pris la peine de partir. S'ils s'envolent, je ne les envelopperai pas, je ne suis pas une enveloppe, que les morceaux bougent comme ils veulent bouger, qu'ils s'envolent. Je ne n'est pas un coffret, un cornet, un tiroir, une vitrine, un sachet, une enveloppe, un sac. Je ne vais pas en avion, je vais en train, je vais voyager. Qu'ils partent et qu'ils reviennent. Qu'ils partent et ne reviennent jamais.

Trace

Si tous les morceaux de je le chevalier partent chacun de leur côté cela poserait un problème, si tous les morceaux de ce je ne le chevalier partent tous dans la même direction, cela signifierait que le chevalier s'est déplacé, se déplace, se déplace d'un endroit à l'autre ce qui est absolument possible sans défaut, sans restes, sans éclater en morceaux, en restant le chevalier qu'on connaît.

Trace

Je ne fais pas de grimaces, cela ne servirait à rien de faire des milliers de sortes de grimaces et de regarder dans le coin, j'épie mes pieds. Je m'épie. J'ai un œil ouvert au cas où. J'épie. Mes pieds ne sont pas sur le fauteuil. Je ne ne perd pas un pied. Mon pied n'est pas parti trop loin. Je ne veux pas que mon pied parte. Mon pied peut se retrouver facilement deux sièges devant, je ne veux pas que l'on me dise, que fait ce pied là, pourriez-vous reprendre votre pied que vous avez laissé traîner, je ne veux pas laisser traîner mon pied.

Maintenant tout en est bien environné, les pieds sont à hauteur des genoux, les genoux à hauteur de ventre, le ventre à hauteur des épaules et la tête à hauteur des genoux, pour une fois on peut dire tout est bien environné. Je me pelote, ce je se pelote, au fond du siège : il n'y a rien à craindre. On a le droit de se peloter au fond du siège. Je ne se fait cette remarque qu'à peu près tout est environné au même endroit.

Je me rembourre le bras. Mon bras se rembourre. Mon bras est rembourré. Je ne le fais pas par moi-même, c'est le bras qui se rembourre tout seul. Il va, je vais. Le chevalier va mais ne part pas couvert de microbes, je ne suis pas infesté de microbes. Je me sens, je sens ma chaleur, le chevalier sent la chaleur de son cheval. Le chevalier est-il chaud oui il est chaud a-t-il de la fièvre non il n'est pas chaud au point d'avoir de la fièvre, le chevalier n'est pas fiévreux. Je n'ai pas de fièvre, mais il sent la chaleur monter du cheval. Qui se perd à jamais.

J'ai chaud, je ne suis pas trop chaud, je n'ai pas la fièvre. Je ne m'appuie plus. Je fais comme si je n'avais plus de dos, plus de jambes, plus de nuque. Je ne me rassure pas. Je ne m'appuie plus à rien, je me laisse tomber, je tombe, de tout mon poids sur le fauteuil, s'il y a un fauteuil, sur autre chose s'il y a autre chose, dans ma chaleur si je suis vivant, je me laisse tomber, pour voir ce qu'il va m'arriver, il s'abandonne pour voir ce qui va lui arriver s'il s'abandonne, il s'endort. C'est bien lui qui dort, tout le reste est une invention. Je ne dort. Tout le reste est une invention.

J'ai chaud je sens la chaleur du cheval, s'il y avait un cheval dans le train je sentirais sa chaleur, un cheval chauffe, il n'y a pas de cheval dans le wagon, ça ne sent pas le cheval, ça sent ma chaleur, j'ai chaud, je n'ai pas la fièvre. Le peu que j'entends est autant que je prends, j'entends tout. Je m'habille. Je ne s'habille. On voit je ne s'habiller. Il met une laine. Je ne moyenne pas, moyennant quoi, il magie, il serine.

Je n'ai pas besoin de bouger les nageoires, des nageoires j'ai aussi. Je n'ai pas à agiter mes nageoires si je veux nager. Je suis mes nageoires, je bouge, mes nageoires bougent, j'ai tout moi qui bouge en même temps, je n'ai pas besoin d'agiter mes nageoires pour qu'elles bougent, je n'ai pas de nageoires, je suis en entier, je n'ai pas besoin de nageoires, je suis nageur, je nage. Ma joue va bien, ma joue est fraîche, ma joue est à sa place. Je ne m'enrage pas, je n'enrage pas, j'enrage, je dérange, je ne dérange, j'arrange, je n'arrange, je range, je ne range, je ne me dérange pas, je dérange, je ne me range pas, je range, je ne m'arrange pas, j'arrange.

Les jours ne naissent naissent nicent ne nicent niquent ne niquent clignent ne clignent ne vivent ne meurent ne solitaires ne solides ne seuls ne glissent ne s'accrochent ne disparaissent ne partent ne s'entretuent ne claquent ne crèvent ne cloquent n'éclatent ne se désensablent pas.

Mes rivières, mes doigts de pied, mes paupières, mes sources, mes appuyés, mes retardés, mes mangés, mes confitures, mes nageoires partout suivent, je les prend, je ne les prend, j'ai les prend, les gens les prend, les je les prend, le je prend le coin droit souple et l'élargit, les jés s'élargissent, prennent le plongeon, se jettent dans le flottement, virent en coin, se jettent dans le virage, prend le virage, prend le virage de la vie en wagon.

C'est je ne, cé je, cé je ne, c'est je lé, c'est ce je ne ve pas, c'est ce je ne le ve pas, cé je ne le ve, c'est ce je, cé ce je, cé ce je l'ai, c'est ce ne peut être que je, que je ne, que je ne veux pas, cé ce que je ne ve, c'est le je, je ne le conné pas, je ne le construit pas, c'est ce je que je ne voudrais pas,
cé ce je, cé le je
ce le je, cé ce jé, le jé,
les jé, lé jé, léjé, les gers, léger, jelé, jélé, je les, un ce le, un je, un je un, de ce je, un ce, un ce le, un ce lui, je ce lui,

ce ce lui, ce je la, un la ce, un la je, un ce la, ce un je, ceje,
cejele, ce jelé, je le un, jelun, un je un, un jun, ce jun, ce
je ne, ce jeun, celun, ce cheval, ce un cheval, ce un je cheval, je chaval un, ce chevalun, va le je, val je, val ce, ce je
che, ce je ché, ce je va, ce va cheval, je va, je che, ce je
cherche, ce va chercher, ce va chevalier, ce va cavaler,
cavale je, cavale lui, cavale un je, cavale un cheval, cavalcade, cavalcade ce je, cavalcadons ce je, ce je cavalcade, ce
je, je

garde de l'herbe
garde de l'herbe de la colline
garde de la colline
garde de la colline du paysage
le paysage, les paysages, gardiens

gardien de l'herbe
gardien des de l'herbe
gardien des je
il garde de l'herbe
il garde de je
herbes, gardons
jes, gardons

les jés gardent jour
les jours jourent
les jours les jes
les je les jours
les je jours

235

les jours ne s'en prendront pas à moi
les jours ne me prennent pas
les jours me prennent
je ne vais pas compter les jours
les jours présents aujourd'hui à je

je les jours
je jours
jeur meurt
jeur peure
jeur mange
jeur pleure
jeur prend le train un jour, part par le train, disparaît un
jour est parti prenant le train, le chevalier

ce jour
ce je
ce jour ci
ce j'ai
ce j'ont
que nous avons
qu'on nous avons
qu'on nous avance
un beau cheval

gardons les jours
je gardons des jours
nous nombreux jours
piégeons
les je piégés font jour

font des jours
les nombreux jours
je vais vers le plus beau jour de ma vie

qui est le jour de tous les jours
il y a beaucoup de jours
les jours nombreux se soulèvent

qui va là
jours gardent à moi à jour
les jours ne vont pas s'envoler
les gens gardent
les jours se donnent du courage
les jours vont de concert
les jours ne sont pas neutres
je n'est pas neutre

les jours m'ont piégé
je suis le point pied tronc

je ne fuis pas
les jours fuient
les jours peuvent fuyer
sur les jours s'alignent sur les jours de l'herbe
les jours d'herbe
les jours je mange
les jours je vois de l'herbe
les jours je vois des herbes
les jours j'herbe
les jours je jours

les jours jouent
les jours jours
les jours jours mangent
les jours jours voient de l'herbe
les jours jours herbent

Ta na ta na ta — ne te ne te ne te ne —— to no to no to no
to no ———— ni ta ni ta na ni ta ni ta na ————
— te ne te ne te ne te ne te ne te ———— le me le
me le me le me me le ———— je me je me
je me je me le je me le ———— ne me
ne me ne me ne me me ne me — je ne me noie pas —
———— je ne m'éloigne ————
je peu de ce je, je, le peu ———— de ce je —
———— je ne poids ——— ce peu de je
veux ———— je y vais ————
———— je ne me gifle ——— je ne gifle —
— je ne hue ———— je n'heurte ——— je ne
m'heurte ——— je n'ai pas giflé —— je ne m'en heurte —
— je ne me suis pas heurté — je n'ai pas hué —— je n'huai
———— je ne gifle —— je ne me heurte —— je veulent —

238

———————————————————— je ne nul ——————— je n'est

je ni ce nul ——————— je n'ai nul ——————————— je ne

meus ——————————— je n'ai ni hué, ni nul ——— je n'ai eu

à héler ——— je n'hèle ——————————— je ne me suis loin

———————————————— je ne suis à héler loin ———————

———————— je n'ai à, m'huer loin, je ne l'ai pas, je ne me suis

hélé, je ne me suis mené ni nié ni hué, je ne me, je ne l'est,

je n'ai ni je ni me ni mené ni meule, ni moulé, ni nullé, ni

hélé, je ne meule, je ne m'hèle, je n'ai dit, je ne m'hèle ———

———————————— ce meule, ce ne m'hèle, ce ne mène ———

_____

———————————— ne me mène ——————————— ne me

moule ——————————— je ne me moule ———————

———————— je ne dis, je n'ai dit ni n'ai eu dit, ni ai eu niché,

ni eu, ni n'ai eu eux, ni ai eu hélé ———————————

———————————— ne m'immisce ——————— ne

sais ——————— je ne sais ce qui est ————— ce n'est —

————————————— le peu de ce ———————

——— je, nu ——————————— j'hume ——— je n'hume —

———————————————— le me de ce peu de je veux dis nie

mêle ——————— le peu de poids ne voit ———————

——— je ne me noie ne me moite ——————— à moins —

————————————————— je ne, je ne suis ce

n'est, je mouds ——————————————— je ne

peux ——— je ne me peuple ——————— j'ai je et j'ai me et j'ai

ce et j'ai le et j'ai me le, et je dis je ne et ne me peuple ———

——————————— me, je, ce le et je peuple ———————

——————— temple ———————————————

——————————————————————— je heurte

——————— n'ai-je peu ——————— j'y vois ——— vois-y —

———————————— peuple-le ———————— je n'ai eux ———————— je ne
m'y mis ———————— que je ne m'y eu mis ———————— je n'eu eux
je n'ai pas encore eu eux ——————————— l'ambiance ————————
—— l'amabilité ——— l'aménité ——— l'ambivalence ————————
je ne m'y suis pas mis, je ne me lève ———————— j'ai probablement
encore assez d'eau ———— je ne vais pas me lever ———————————— j'ai
eu de l'eau, je n'ai pas eu l'eau d'eux ———————— je n'y ai eu
———————— je n'y ai eu eux ———————— je ne m'en veux pas ————
———————— je n'ai pas entamé ——————————————
———————— c'est le même ———————— je ne me lève pas ————
—— un peu du je n'ai pas entamé ———————— le peu de ce
je n'entame ———————— le peu de ce je n'eus d'eux ————————
———————— je n'y ai aucune ———————— je n'ai aucune de ce je
n' ———————— entamer ——————————————
————————————————————————— n'est même pas
je me lève ———————————— n'est même pas enlevé, je ne me
suis pas enlevé, je ne me suis pas entamé, je ne me suis pas
emporté, j'ai le même ——————————— ———————————
——————————————— ————————————

———————————— je ne vends ———————— je ne vends ——— je
ne vends ——— je ne vends ——— je ne veux pas en vendre, je
ne veux pas me mettre en vente, je ne suis pas en vente, je ne
me veux me vendre ——————————————— je ne vends
——————— ———————————————
———————————— ————————————————
——————————————————————————————
——————————— ————————————

————————————————————— je ne me mens ——
——————————— je ne nie ———————————— je n'est je ni
eux —— ———————— c'est je ———————— ce n'est ————

240

—————————— ——————————

—————————— ——————————————— je ne est ——————

— je ne ——————— je ne ne s'éloigne pas ————— je ne
ne sait pas s'éloigner, il ne s'éloignera pas maintenant ———

————————————— je ne vais pas à l'avant ——
je ne me lève pas ————— je ne me penche pas, je ne veux
pas me pencher ————————————————

——— ————————————————————

— je me suis mis là ———— je ne me mettrai plus là maintenant ———— je n'enfreint ————— je ne est
toujours là ———— je ne penche ———— je n'ai
en vain ——————————— j'en fais le vœu —

——————— je m'en ai fait un vœu, mon vœu —
————— Moyeu ——————— Mes Noces ——
—— je ne et moi ————— je ce ne, je ce
moi ————— je ce ——————————

——— —————————————

———————————————— je, ce mêlent
————— ce ne meule pas, ce ne mouds pas, ce ne me
meule pas ce ne meule, ce ne me meule, ce ne mouds pas,
ce ne mouds, ce ne nie ———— ce n'ai jamais nié ——
——————————— ce ne suis ni un ni je ni je
nain, ni jet individu, ni jette personne ———— jeux-
là ne me nuent, ni ne m'hèlent, n'est ce veux, ce ne me lève

———————————— je ne se meut ————
——————— n'est-je pas ce que j'est ————— je n'est
qu'un mot, je n'est pas moi —————————— je n'est
pas une bonne chose, je n'est pas moi, je moi, j'est seulement je, jette endive ———— regarde jelui-là ——————

————————————— je n'est pas une chose —————————

—j'est moi, j'est je ——————————— ——————————

————————— je dis je n'eus, je ne l'eus, je ne dis je n'ai ai, je n'ai,
je n'ai je, je n'eus je, je n'ai me, je n'eus me, je ne m'ai, je ne
m'eus, ne je, ne me, ni je, ni me, ni il, ni eux, ni ne me le, ni
ne me voit, je ne nie, n'ai-je —————————————————

——— je ne me suis menti ————————— je ne m'en veux

————————— je ne me vois ———————————— je ne
nue, je ne m'en veux ——————— ce je ne m'en nie ———

——— ce je ne m'en veux —————— Dis je —————
je ne m'emmêle ——— Dis c'est je —————————

————————— j'ai — j'ai ————— c'est je ———

— j'ai nullement ———————— c'est je ne, c'est ai, c'est n'ai,
c'est je, c'est j' ————————————— je n'eus ———

——— je ne nue, je ne ———— je ne dis je ne nie ni je ne
mens ni ne me mange ni ne dis ——————— je ne m'ai
mû, je n'eus, ne me veulent, je ne me mets ———— je ne
est je ne ni ne m'ai ———————— je ne me mets, je ne
m'y mets pas, je ne mets pas me ——————————

————————————————————————————

——— je n'ai pas mis me ———— je ne me mets, je ne m'y
mets pas, je ne veux pas m'y mettre ———————————
je n'ai mis ne ——————— ——————— ne mets
me ——————— je ne mets le le ——— là ——————

——— je ne le me ——— je ne mets ce le ————— je ne
mets — je ne me le suis ————— ce le me ————
je n'ai pas ce me ——— n'ai ce le —————————

————————————— —————————————

——— je n'en, je ne me ——— ——— ne je, je ce n'est, ne
je ce n'est mie ————— ce n'est ni mie, ni eux, ni me

——————— ce ne me l'est ——— je ne meule ———————
je ne eux ——————————— je ne dis j'eusse ———————
— je nie ce je n'eusse ———————————————————————
je ne dis mie, je ne dis je, ni est, ni ce, ni c'est, ni le, ni ils,
ni me, ni je ne me le dis, ni je ne me le nie, ni je est ce, ni je
est ne, je ne ai je ———————————————————————
——————————— Dis ———————————————————————
——————————————— ——————————————— je ne n'ai, je n'ai ni
eu, ni nié, ni eu, ni hué, je ne c'est, ne, je, ne je, je ne, je n'ai pas,
je ne m'ai, je n'est, je ne est je ne, je ne m'eus, ce est je est ce je
est ce ne, ne je est, et nie-je, est je nie ———————————————
——————————— Dis ——————————— dis-je —
est dis —— dis je ——— dis je ne ——— dis je ne —— dis je
ne l'eus ——— dis ni ———————————————— n'eus me
——————————— je n'eus ni eus, ni n'eus, ni n'eus me, ni
ne m'eus, ni n'ai, ni n'ai me, ni m'eus eus, ni eu eu ——— je
ne me nue —— Nieu, je n'eus, nieu, ne me, je n'en eus, je ne
m'en eus eu, je ne me le nie — ——————————— Nieu.
——————————— Je n'. ——————————— N'ai-je.
——————————— J'ai. ——— Je n'ai je. ———————— Je
ai. ——————————— Je ne dis. ——— Je n'hèle. ———
——————————— Ni je. ——————— J'ai je. ———————
J'ai me. ——————————————— J'ai. ——————— Je n'ai
y. ——————— n'ai y. ——————————— N'ai. ———
——————————— Ai. Le je ne me. Me le ne je. Ne je le me. Je
me ne le. Me ne le je. Me je ne le. Le je me ne. Je me le ne.
Le ne je me. Ne me je le. Me je le ne. Je le ne me. Le ne me
je. Me le je ne. Je le me ne. Le me je ne. Ne me le je. Ne le
je me. Le me ne je. Je ne me le. Ne je me le. Me ne je le. Ne
le me je. Je ne le me. Je ne est je. Je ce. Je ne ce. Je ne ce le.

Je ce ne. Je ne le ce. Je ne ce. Je ne le le ce. Je ne ce. Je ce ne.
Je ne me le ce. Je ne ce ne. Je ne le ce. Je ne le le ce. Je ne
me ce le. Je ne le ce le. Je ne me le ce. Je ne ce le. Je ne ce.
Je ne le. Je ne c'est. Je n'est ce. Je ne me ce je. Je ne le veux.
Je ne me le. Je ne eux. Je ne n'ai-je. Ce le. Ce n'est je. C'est
je ne. C'est je. C'est ce ne. C'est je ne ce. C'est me je. C'est
me. C'est. Ce je. Je ne. Le je. Je ne. Je ne le. Je ne le. Ne je.
Je ne. Le je. Je ne. Je ne le. Je ne le. Ne je. Je je. Ne ne. Le
le. Je ne ne. Je je. Je je ne. Ne je. Ne je le. Je n'ai. Je n'ai le.
Je n'ai je. Ce je ne. Je ne c'est. Je ne eux. Je ne n'ai-je. Ce le.
Ce n'est je. C'est je ne. C'est je. C'est ce ne. C'est je ne ce.
C'est me je. C'est me. Ce je. Je ne meule. Je ne nie. Je ne
m'en vais. Je ne m'en ai. Je ne m'en nie. Je ne m'en, je n'en,
je ne me, je ne le veux. Ne je, je ce n'est, ne je ce n'est mie,
ce n'est ni mie, ni eux, ni me, ce ne me l'est. Je n'est je ni
eux. C'est je, ce n'est. Je n'eus. Je dis je n'eus, je ne l'eus, je
ne dis je n'ai ai, je n'ai, je n'ai je, je n'eus je, je n'ai me, je
n'eus me, je ne m'eus. Ne je, ne me, ni je, ni me, ni il, ni eux,
ni ne me le, ni ne me voit, je ne nie. Je ne eux. Je ne me le.
Je ne hue. Je nie ce que je n'eus. Je ne nie, je ne dis mie, je
ne dis je, ni est, ni ce, ni c'est, ni le, ni ils, ni me, ni je ne me
le dis, ni je ne me le nie, ni je est ce, ni je est ne. Je ne ai je.
je n'ai ni eu, ni nié, ni eu, ni hué, c'est, ne, je, ne je, je ne, je
n'ai pas, je ne m'ai, je n'est, je ne est je ne, je ne m'eus, ce
est je est ce je est ce ne, ne je est, et nie-je, est je nie, dis je.
Je n'eus ni je n'eus. Je n'eus me. Je ne m'eus eu. Je n'eus ni
eus, ni n'eus, ni n'eus me, ni ne m'eus, ni n'ai, ni n'ai me,
ni eus eus. Je ni eux, je ni eux, je ni eux, je ni eux, je ni eux.
Je n'ai où, ni n'ai, ni n'ai où. Je n'ai je. Je nue. Je ne noue. Je
ne me noue ne me dit pas. Ce je ne m'en nie, ce je ne m'en

veux. Je ne m'emmêle. Je ne me suis. Je ne me. C'est. Ce n'est. Je ne me. Je n'ai. C'est je ne me. Je ne me nulle. C'est je. C'est je ne, c'est ai, c'est n'ai, c'est je, c'est j'. Je ne ce. Je moi. Je ne me mêle, ce je ne le meule, ce je ne moule, je ne se veulent, ni n'ai je, je ne me nuent, ni suis nué, je n'ai, je n'hue. Je ne gifle. Le je ne me. Me le ne je. Ne je le me. Je me ne le. Me ne le je. Me je ne le. Le je me ne. Je me le ne. Le ne je me. Ne me je le. Me je le ne. Je le ne me. Le ne me je. Me le je ne. Je le me ne. Le me je ne. Ne me le je. Ne le je me. Le me ne je. Je ne me le. Ne je me le. Me ne je le. Ne le me je. Je ne le me. Je ne meule. Je ne nie. Je ne mens. Je ne veux. Je ne me nie. Je ne me veux. Je ne me mens. Je ne m'en vais. Je ne m'en ai. Je ne m'en nie. Je ne m'en, je n'en, je ne me, je ne le veux. Ne je, je ce n'est, ne je ce n'est mie, ce n'est ni mie, ni eux, ni me, ce ne me l'est. Je ne meule. Je ne m'ai. Je n'eus. Je ne nue. Je ne. Je ne nue. Je ne me nue. Nieu, je n'eus, nieu, je n'ai. Non ne me. Je n'en eus, je ne m'en eus eu, je ne me l'ai, je ne me l'eus, je ne me le nie. Je ne dis. Je ne nie ni je ne mens ni ne me mange ni ne me dis. Je ne m'eus mû, je ne m'ai mû, je n'eus, ne me veulent, je ne me mets. Je ne c'est je ne ni. Je ne me suis. Je ne m'ai. Je ai. Je ne nie. Je n'est je ni eux. C'est je, ce n'est. Je n'eus. Je dis je n'eus, je ne l'eus, je ne dis je n'ai ai, je n'ai, je n'ai je, je n'eus je, je n'ai me, je n'eus me, je ne m'ai, je ne m'eus. Ne je, ne me, ni je, ni me, ni il, ni eux, ni ne me le, ni ne me voit, je ne nie, n'ai-je. Je ne mens. Je ne n'ai, je n'ai ni eu, ni nié, ni eu, ni hué, je ne c'est, ne, je, ne je, je ne, je n'ai pas, je ne m'ai, je n'est, je ne est je ne, je ne m'eus, et nie-je, est je nie, dis-je, et je dis, dis je ne le veux, dis je ne l'eus, dis ni, ni eus, ni n'eus, ni n'eus me, ni ne m'eus, ni n'ai, ni n'ai me,

ni eus eu. Je ne dis pas je, je ne dis, je ne veux ne me lève,
ne me dit ni ne m'est, ne me veut ni ne lève, n'est ni eux, ni
moi. Je ni eux, je ni eux, je ni eux, je ni eux, je ni eux. Je n'ai
où, ni n'ai, ni n'ai où. je n'ai je. Je nue. Je ne meulent, ne
veulent, ne disent, ne volent. Je n'annule. Je n'ai. Je n'hèle.
Je n'hue. Je ne moi. Moyeu. Vœu. Je n'ai. Je ne. Je ne mêle.
Je nue. Je ne vois. Je ne me suis menti. Je ne m'en veux. Je
ne me vois, je ne nie, je ne m'annule, je ne nue, je ne m'en
veux, je ne m'en noue. Je ne m'en noue ne me dit pas. Ce je
ne m'en nie, ce je ne m'en veux. Dis je. Je ne m'emmêle. Dis
c'est je. Je ne me suis. Je ne me suis vu. Je ne me. C'est. Ce
n'est. Je ne me. Je n'ai. C'est je ne me. Je ne me nulle. J'ai.
J'ai. C'est je. Je n'ai nullement. C'est je ne, c'est ai, c'est
n'ai, c'est je, c'est j'. Je ne gifle. Je ne me gifle. Je ne gifle. Je
ne hue. Je n'hue. Je ne me hue. Je ne m'heurte. Je n'eus
giflé. Je n'ai pas giflé. J'en heurte. Je ne m'heurte. Je n'ai pas
hué. Je n'hue. Je ne me nue. Je ne gifle. Je ne me heurte. Je
ne nul. Ce je ne nul. Ce je n'eus. Je n'ai ni hué, ni nul. Je
n'ai eu à héler. Je n'hèle. Je ne me suis loin, je ne suis à héler
loin, je n'ai à m'huer loin, je ne l'ai pas, je ne me suis hélé,
je ne me suis mené ni nié ni hué, je ne me, je ne l'est, je n'ai
ni je ni me ni mené ni meule, ni nullé, ni hélé. Je ne meule.
Je ne m'hèle. Je n'ai dit. Je ne m'hèle. Ce ne meule, ne me
mène. Il ne me mêle. Je n'ai dit ni n'ai eu dit, n'ai eu mené,
ni nié, ni niché, ni eu, ni eux, ni n'ai eu eux, ni ai eu hélé. Je
ne me noie. Je ne m'éloigne. Je peu de ce je, je, le peu de ce
je, ni n'hèle ni n'hue. Je ne me vois, je ne me vis, je ne me
noie, je ne poids. Ce peu de je ne veux. Le peu de ce. Je, nu.
Ne m'hèle. Le me de ce peu de je vois veux dis nie mêle de
peu de poids ne voit. Je ne me noie ne me poisse. Soigne.

Vois. Je ne d'elle ne m'elle, d'elle, n'ai, m'est, elle, d'elle, je ne, je ne suis ce n'est. Je mouds. N'entame, n'est même ne me lève, n'est même. Le peu de ce je n'entame. Je n'y eux. Je n'y eux. Aies. Je ne m'entame. Je ne me heurte. Le peu. N'ai-je peu. Le peu de me. J'y vois. Vois y. Peuple. Je ne. Ai-je. Je ne. N'ai-je. Me. Je je. Ne ne. Je ne. Le le. Je ne le. Je ne. Je n'ai. Ai-je. Je ai. Me. J'. Je n'. Je est je me. Je me est je. Je m'ai. Le je ne me. Me le ne je. Ne je le me. Je me ne le. Me ne le je. Le je me ne. Me je ne le. Je me le ne. Le ne je me. Me le je ne. Le me je ne. Je le me ne. Ne me le je. Le me ne je. Ne le je me. Ne je me le. Me ne le je. Ne le me je. Je ne me le. Je ne me le. Je ne meule. Je ne me meule. Je ne ce. Je ce ne. Je ne le ce. Je ce. Je ce ne. Je ne ce le ce. Je ne ce le me. Je n'eus ce ne. Je n'eus ce ne l'est. Je n'ai ce le. Je n'eus ce le ce. Je ne n'ai je. Je n'ai eu ne je. Je ne l'ai ce ne le. Je ne l'ai eu. Je ne l'eus ce je ne le ce. Ce le. Ce je ne l'ai ne ce. Je n'eus. N'ai-je. Je ne l'eus. Ne l'ai-je. Je ne le ce. N'ai eu ce le. J'eus. Je ne mens. Je n'ai nié. Je ne nie. C'est je. Je n'eus d'eux. Je n'est ni eux. C'est je. Ce n'est. Je ne mens. Je dis. Je ne nie. Je ne dis je n'eusse. Je n'eus. Je ne nie je n'eus, je ne dis ni ne ni je ni me ni moi. Je n'ai, je n'eus ni je n'eus, je n'ai ai, je n'ai je, je n'eus ai, je n'eus je, je ne m'eus, je ne me suis eu, ni ne m'eus, je ne m'ai, je ne me suis. Dis je ai ni. C'est moi. Je n'est ni ce je ne. Je ne dis. Je ne nue. Je ne eux. Je ne il. Je n'hisse. Je ne me mens. Je n'en nie. Je n'ai ni il, ni ce, ni m'ai. J'en nie. Je ne mens. Je n'est, ni veulent. Je n'eus. Non, ne me. Je ne le. Je ne l'ai. Je ne m'ai. Je ne me le nie. Je ne me le mens. Je ne me nue. Je n'ai ni eu, ni nié, ni eu, ni nué, ni eu, ni hué. Je ne veux. Je n'ai pas nué. Ne voit. Ni il, ni moi, ni ne, ni ce, ni c'est, ni eux, ni lui, ni me. Je ne me vois. Ni je, ni le, ni ne veux, ni ne ce le, ni ne mens, ni vois, ni virent, ni veulent, ni ils. Je ne me veux. Je n'hèle. Ne me dis pas. Dis je. Ne dis pas. Je. C'est. Je ne. Je ne le nie. C'est je ne me. C'est je ne le ce. Est me je. Moi. C'est ai, j', n', j'ai, n'ai, m'. Ce ne je. Je ne suis menti. C'est ce n'est. Le ce ne. Le n'est d'eux ce ne ni ce je ne ce ni ce je ne le ce ni c'est ce. Je ne meus. Eux. Je ne meus. Je nue. Je ne ce. Je ne me noie. Je ce n'est ni n'ai-je ni nues. Je n'annule. Je est ce. C'est ce, le, me, de, ne, le, veut, je ne. Ce je n'eusse. Ne dit. Je ne veux. Je n'ai. J'eus ni. Je ne me suis vu. Je ne veux ne dit. Je ne veux ne lève, ne me lève, ne me dit, ne ne m'est. C'est moi je. Je ne me nue. Je n'eus. Ce je n'est nu. Ce je nu ne se l'est. Ne se donne. Ne se dit ni ne me, ni ne le veut, ni ne nis pas. Le j'eus, nu, n'annihile. Ne nie. Ne se dit pas. Je ne mens. Je n'ai pas menti. Je n'annule. Je me. Je ne. Je n'ai moi. Je n'ai où. Ni n'ai où. Ni n'ai je. Je ne me meulent, ne me disent, ne me veulent, ne me volent, ne me lèvent. Je ne me lève. Je ne me mens, je ne me vois, je ne me noue, je ne me noie, je ne me nue, je ne le veux, ne le, je n'ai nul, je n'ai ni le veux, ce, ni d'eux, ni de moi, ni ils, ne ce, ni n'est, ni ne me noue, je n'ai nullement. Je ne. Je n'ai. Ne mêle. Je ne m'en veux. Je ne m'en noue. Je ne c'est moi. Je de m'en. Je n'ai nié, je ne nie, je ne le nie, ce je ne mens, ce je ne m'en nie, ce je ne me le mens, ce je ne me le donne, ce le ne ce, ce ne me le donne. Je n'hume. Je ne me mêle. Je n'ai pas giflé. Je ne gifle. Je ne hue. Je ne me hue. Je ne me heurte. Je n'heurte. Je n'ai pas hué. Je ne me suis pas hué. Je ne gifle. Je ne heurte. Je n'ai pas volé. Je m'annule. Ce je n'est nul. Je ce n'ai nul. Je ne meus. Je n'ai ni annulé, ni nié, ni voulu, je n'ai ni eu à m'huer, je n'ai loin, je ne m'éloigne, je ne m'ai nié, ni mené, ni eu, ni moulé, ni meulé, je ne meule, je ne me suis, je ne m'ai, je n'est. Il ne me moule, il ne me mène, il ne me mêle. Je ne me moule, je ne me mène, je ne me mêle. Je n'ai ni eu nié, ni niché, ni eu, ni n'ai eu, ni n'ai eu hélé. Je ne le meule. Je ne ce le. Je ne le ce. Je ne me le ce. Je ne veux. Je nie. Je ne le veux. Je ne l'ai pas. Je ne les ai ceux ne et c'est je. C'est eux. Je ne c'est. C'est je ne me. Je ne le c'est. Je ne c'est. Je ce, je suis ce ni ne ni ce. Je ne me suis, je ne c'est ni je ni me ni y ni ci ni ce ni veux ni dis ni si ni eux ni mie ni vois ni moi. Je gneux. Je n'ai. Je n'ai eux. Je ne. Je n'ai d'eux. Je ne d'eux. Je c'est. C'est moi. Je n'ai pas. Je ne mens. Je ne nie. Je ne me mens. Je ne me nie. Je n'eus ni je n'eus pas. J'eus ne me. Je ne m'eus. Je ne m'avais. Je ne m'ai. Je ne me l'eus eu. Je ne l'ai, ni eu, je ne l'ai ni eu, ni ne m'eus, ni ne mis, je ne l'ai pas me. Je ne me meule. Je sais, je ce n'est ni ce ne moi ni mie ni moi ni eux ni dit ni veux ni me ni le ni ni. Je ne me l'ai. Je gneux, gneu, je ne gneux, gneu, je ne, nieu, nieu, nieu, je ne me nie ni ne me veux, ni n'est ni me ni moi ne. Je ne le. Je ne le. Le peu ne ce, le peu n'est, et ne nie. Un je de peu qui n'est et est je ne. De peu de. Ni je, ni ne, ni moi, ni eux. Le peu, je qui ne, le peu, je qui ne dit, je ne dis je. Je ne me noie. Je n'ai noyé. Ce peu, ce je peu, ce le peu de je, de peu de je. Ne n'ai n'a n'y n'ont n'est. J'ai ne. Ne meule. Ne m'y mêle. Ne meut. N'en. Je ne m'hélais, ne m'huais. N'eus pas. Je ne meule. Je ne l'ai. Je ne veux. Je ne veux. Je n'ai ne nie. Je n'ai nié. Je ne veux ni. Je ne dis. Je ne me nie. Je ne me le dis. Je ne me suis. Je ne me suis pas. Je ne le suis. Je ne me le suis. Je n'ai ni mis ni dis. Je ne suis pas en mie. Je n'ai pas en moi nier ni je ne mens à moi ni ne me

mange, je ne me mens, je ne c'est je ne ni. Je ne m'eus eu.
Je ne m'eus eu menti. Je ne me suis mû. Je ne l'eus eu, ni
j'eus, je ne l'ai, je n'ai, ni eux, ni veulent, ni le, ni le ce, ni il,
ni je ne sais, je n'ai eu, je n'ai. Je ne m'ai. Je ne m'hèle. Je ne
dis celui qui je nenni. Je ne dis ce que je n'eusse que je
n'eusse eu. Je ne me veux. Je nie ce que je n'eusse, je ne nie
que je n'eus, je ne me mens, je ne dis mie, je ne dirai ni à
eux ni à mie ni à je ne me le dis ni ne me le nie. Il ne dit ni
ne nie lui. Je n'est, je ne me est, je n'ai me est, je ne l'est, je
ne n'a, est je, est je, est je, est je, nie, est je, dit je, est ni, dit
eux, est ni, est ni je, ni eux, ni mie, ni me, ni moi, ni ce. C'est
moi je. Je ne me le veux. Je ne me meus. Je gneux. Je ce. Je
ce ne. Je ne ce. Je ne ce ne. Je n'y ai. Je n'y ai ce je ne. Ni ce
je ne ce ne, semel je seulet ce je nu. Je gneux. Gneu. Je
n'eus. Ceux ne sont ce je ne sais. Ceux ne. Ne l'eus, n'eus
eu, je n'ai nul, je ne mens, je ne m'en nie, je ne noues, je ne
m'en noues, je ne m'annule, non, je ne ceux d'eux, je ne me
le veux, je n'ai ni nul, ni veux, je n'ai ni me le veux, je ne le
veux, seulement nullement, je ne. Je ne me dis pas le, je ne
me dis pas je, je ne me le dis pas, je ne me le dis. Je ne veux
ne me lève, je ne veux ne me dit, je ne veux ne me lève ni ne
me dit ni ne m'est. Je ne vais. Je n'y ai pas. Je n'y suis pas.
Je n'est suis n'ai pas ne gnieu, je nie, je ni eux, je ni eux, je
ni eux, je ni eux, je ni eux. Je ne moyeu. Je ne veux ceux, je
ne ce veux, je ne me meule, je ne se meulent, je ne se veulent ni ne je, je ne veulent, je ne veulent ne me lève, je ne
veux ne me dit ni ne me nie ni ne m'est. Ne m'est pas je. Le
ne veux je. Je ne meule. Je ne meus. Je ne le me. Je ne moi.
Je ne le moi mie. Jamais je ne l'ai moi mie. Je ne ce me. Je
ne ce moi. Je ne le veux. Je ne le eus. Je ne l'eus moi. Je ne

le moi ni ne me l'eus ni ne me vois ni le moi. Je ne le mie.
Je ne mens. Je dis. Je ne nie. Je n'eus. Je dis que je n'eusse.
Je n'eus. Je dis, je ne nie je n'eus. Je ne dis ni ne ni je ni me
ni moi ni ce ni le ni eux. Je n'eus ni ne m'eus, je n'ai, je n'ai
je, je n'eus je, je ne m'eus, je ne l'eus je, ni ne m'eus, ni n'eus
je. C'est moi. Je ce n'est pas je, je n'est ce pas je, ce je n'est
pas ce je, je n'ai ne pas, je. Je dis ne. Je ne nue. Je ne eux. Je
ne il. Je n'hisse. Je ne me mens. Je n'en nie. Je n'ai ni il, ni
ce, ni m'ai. J'en nie. Je ne mens. Je n'est, ni veulent. Je n'eus.
Non, ne me. Je ne le. Je ne l'ai. Je ne m'ai. Je ne me le nie.
Je ne me le mens. Je ne me nue. Je n'ai ni eu, ni nié, ni eu,
ni nué, ni eu, ni hué. Je ne veux. Je n'ai pas nué. Ne voit. Ni
il, ni moi, ni ne, ni ce, ni c'est, ni eux, ni lui, ni me. Je ne me
vois. Ni je, ni le, ni ne veux, ni ne ce le, ni ne mens, ni vois,
ni virent, ni veulent, ni ils. Je ne me veux. Je n'hèle. Je ne me
nue. Je n'eus. Ce je n'est nu. Ce je nu ne se l'est. Ne se
donne. Ne se dit ni ne me, ni ne le veut, ni ne nis pas. Le
j'eus, nu, n'annihile. Ne nie. Ne se dit pas. Je ne mens. Je
n'ai pas menti. Je n'annule. Je me. Je ne meus. Eux. Je ne
meus. Je nue. Je ne ce. Je ne me noie. Je ce n'est ni n'ai-je ni
nues. Je n'annule. Je est ce. C'est ce, le, me, de, ne, le, veut,
je ne. Ce je n'eusse. Ne dit. Je ne veux. Je n'ai. J'eus ni. Je
ne me suis vu. Je ne veux ne dit. Je ne veux ne lève, ne me
lève, ne me dit, ne ne m'est. Je ne gifle. Je ne me gifle. Je ne
me hue. Je ne me tue. Je ne me heurte. Je n'eus eu giflé. Je
ne m'en gifle pas, je ne m'en heurts. Ils ne veulent. Ils ne
nul. Je ne nul. Je ne me meus. Je ne me l'est. Je n'eus pas à
héler. Le peu ne ce, le peu n'est, et ne nie. Un je de peu qui
n'est et est je ne. De peu de. Ni je, ni ne, ni moi, ni eux. Le
peu, je qui ne, le peu, je qui ne dit, je ne dis je. Je ne me

noie. Je n'ai noyé. Ce peu, ce je peu, ce le peu de je, de peu de je. Ne n'ai n'a n'y n'ont n'est. J'ai ne. Ne meule. Ne m'y mêle. Ne meut. N'en. Je ne m'hélais, ne m'huais. N'eus pas. Je ne meule. Je n'hèle. Je ne loin ne m'hèle, je ne suis loin, je ne le suis pas à héler loin, à m'huer loin, je n'ai pas hululé, je ne le me suis pas hélé, je ne me le suis pas mené ni dit ni nié ni hué, je ne me suis, je ne l'est, je n'ai ni je ni menée ni meule, ni moulé, ni nullé, ni hélé. Je n'ai ni je. Je ne meule. Je ne m'hèle. Je ne m'hurle. Je ne l'ai loin lui, je ne l'ai nié, je ne l'ai dit, je ne l'ai appelé. Je ne me mêle. Je ne niche. Il ne meule, il ne m'hèle, il ne me dit, il ne mène. Il ne me mène. Il ne me moule, il ne me mêle. Je ne me moule, je ne me mêle. Je n'ai me le dit, je n'ai me ni n'ai je ni n'ai pas ni n'ai eu eux ni n'ai eu hélé. Je ne nul. Ce je ne nul. Je n'est je ni ce nul. Je n'ai nul. Je ne m'ai. Je ne me suis mené ni nié ni hué, je ne me, je ne l'est, je n'ai ni je ni me ni mené ni meule, ni moulé, ni nullé, ni hélé. Ce ne meule, ce ne mène. Ne me mène. Ne me moule. Je n'ai ni ni n'ai eu, ni eu, ni eux, ni n'ai eu eux, ni ai hélé. Ce peu de je ne veux. Je, nu. N'hèle. N'hume. Je ne vais. Le me de ce peu de je nie ne me noie, je ne, je ne suis ce n'est. Je mouds. Je ne m'eus mû, je ne m'ai mû, je n'eus, ne me veulent. Je ne c'est je ne ni. Je ne me suis. Je ne m'ai. Je nue. Je me nue. Je n'y ai mis me. Je ne mets ce le là. Je ne le suis. Ce ne me. Je n'ai ce le. Je n'y ai. Je n'y eux. Je n'y eux. Je n'eus, nieu, je n'ai. Nieu. Nieu.

TABLE

Achevé d'imprimer en janvier 2000
dans les ateliers de Normandie Roto Impression s. a.
à Lonrai (Orne)
N° d'éditeur : 1679
N° d'imprimeur : 00-0233
Dépôt légal : février 2000
Imprimé en France